Historia y mitología brasileñas

Un fascinante viaje por el pasado y los mitos legendarios de Brasil

© Copyright 2025

Todos los derechos reservados. Ninguna parte de este libro puede ser reproducida de ninguna forma sin el permiso escrito del autor. Los revisores pueden citar breves pasajes en las reseñas.

Descargo de responsabilidad: Ninguna parte de esta publicación puede ser reproducida o transmitida de ninguna forma o por ningún medio, mecánico o electrónico, incluyendo fotocopias o grabaciones, o por ningún sistema de almacenamiento y recuperación de información, o transmitida por correo electrónico sin permiso escrito del editor.

Si bien se ha hecho todo lo posible por verificar la información proporcionada en esta publicación, ni el autor ni el editor asumen responsabilidad alguna por los errores, omisiones o interpretaciones contrarias al tema aquí tratado.

Este libro es solo para fines de entretenimiento. Las opiniones expresadas son únicamente las del autor y no deben tomarse como instrucciones u órdenes de expertos. El lector es responsable de sus propias acciones.

La adhesión a todas las leyes y regulaciones aplicables, incluyendo las leyes internacionales, federales, estatales y locales que rigen la concesión de licencias profesionales, las prácticas comerciales, la publicidad y todos los demás aspectos de la realización de negocios en los EE. UU., Canadá, Reino Unido o cualquier otra jurisdicción es responsabilidad exclusiva del comprador o del lector.

Ni el autor ni el editor asumen responsabilidad alguna en nombre del comprador o lector de estos materiales. Cualquier desaire percibido de cualquier individuo u organización es puramente involuntario.

Índice

PRIMERA PARTE: HISTORIA DE BRASIL 1
    INTRODUCCIÓN 3
    CAPÍTULO UNO - LOS ORÍGENES DEL BRASIL COLONIAL 6
    CAPÍTULO DOS - EL BRASIL PORTUGUÉS 19
    CAPÍTULO TRES - EL NACIMIENTO DEL BRASIL INDEPENDIENTE 34
    CAPÍTULO CUATRO - DEL IMPERIO A LA REPÚBLICA 50
    CAPÍTULO CINCO - LAS LUCHAS DE LA REPÚBLICA BRASILEÑA 68
    CAPÍTULO SEIS - EL NACIMIENTO DEL BRASIL MODERNO 84
    CONCLUSIÓN 96
SEGUNDA PARTE: MITOLOGÍA BRASILEÑA 99
    INTRODUCCIÓN 101
    CAPÍTULO UNO - LOS MITOS DE LA CREACIÓN 105
    CAPÍTULO DOS - ESPÍRITUS SUPERIORES 118
    CAPÍTULO TRES - MITOS FLUVIALES 127
    CAPÍTULO CUATRO - CUENTOS DE JAGUARES 133
    CAPÍTULO CINCO - BESTIAS MONSTRUOSAS 140
    CAPÍTULO SEIS - SERPIENTES, CULEBRAS Y GUSANOS 149
    CAPÍTULO SIETE - LOS FANTASMAS BRASILEÑOS 156
    CAPÍTULO OCHO - INFLUENCIAS AFRICANAS 162
    CAPÍTULO NUEVE - CUENTOS POPULARES Y DE HADAS 169
    CONCLUSIÓN 176
VEA MÁS LIBROS ESCRITOS POR ENTHRALLING HISTORY 180
BIBLIOGRAFÍA 181
FUENTES DE IMÁGENES 183

Primera Parte: Historia de Brasil

Una guía fascinante sobre las antiguas civilizaciones indígenas, la colonización portuguesa, la época imperial y los tiempos modernos

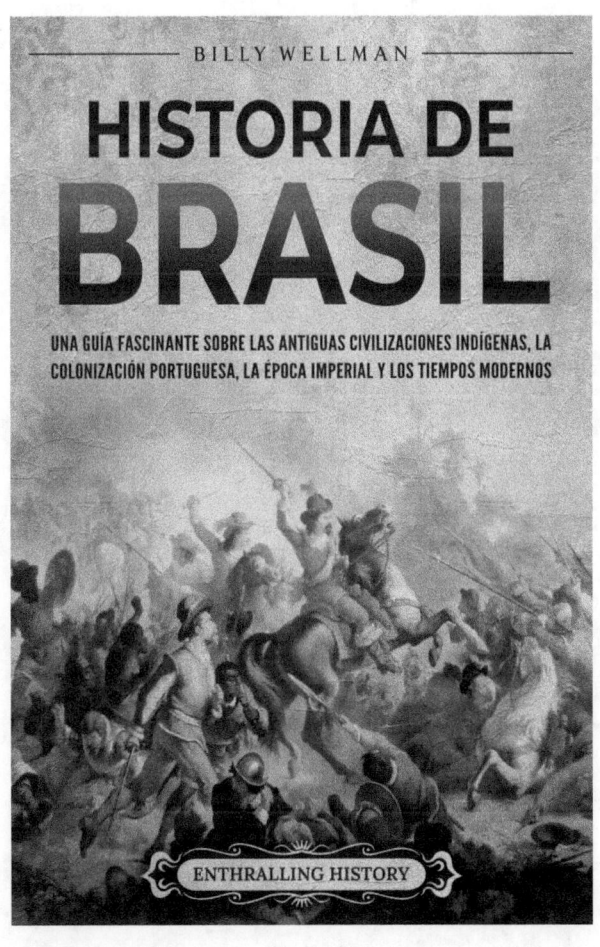

Introducción

Brasil presume de una cultura singularmente vibrante, una mezcla ecléctica de gente de diversos orígenes sociales o étnicos y un paisaje natural rico y vasto. Como uno de los países más grandes del mundo y uno de los más importantes políticamente, resulta naturalmente muy interesante examinar cómo ha llegado hasta ahí. ¿Cómo se convirtió Brasil en un país tan particularmente notable? ¿Qué acontecimientos llevaron a una nación a controlar un trozo de tierra tan enorme, lleno de sorpresas y secretos, algunos de los cuales aún desconocemos? ¿Quiénes fueron algunas de las figuras más importantes que dieron forma a lo que Brasil es hoy?

Las respuestas a estas y muchas más preguntas sobre Brasil se encuentran en la historia de la nación, cuyo examen resulta muy atractivo. Es una combinación de acontecimientos dinámicos y memorables que captan la curiosidad de personas de todo tipo, ya sea que estén familiarizadas con el contexto más amplio en el que hay que situar la historia de Brasil o simplemente interesadas en saber más sobre un país que aman. La historia brasileña contiene ciertamente algo para todos los gustos y está llena de acontecimientos que coinciden con otras circunstancias sociales e históricas de todo el mundo. Esto es cierto tanto para la época precolombina como para la poscolombina, aunque sabemos mucho menos de la primera que de la segunda.

La lucha secular del pueblo brasileño, que continúa aún hoy, no solo está marcada por sus relaciones adversas con los conquistadores y colonizadores extranjeros. Una de las principales luchas del pueblo brasileño, incluida la población indígena y los que se asentaron en la nación tras la llegada de los colonizadores portugueses, fue con las ideas europeas. Al igual que en otras colonias de América y de todo el mundo, los esfuerzos por europeizar Brasil fueron frecuentes. Los colonizadores trajeron un conjunto distinto de ideas, actitudes, prácticas y tradiciones, y su difusión de Europa a Brasil se aceleró durante los siglos XVIII y XIX.

Las instituciones y formas de pensamiento europeas fueron desafiadas por las poblaciones indígenas y africanas de Brasil, cuyas vidas se habían visto drásticamente afectadas por la era de la colonización europea. Puede afirmarse que Brasil, el país tal y como lo conocemos hoy, nació solo después de que estas culturas se sintetizaran con la cultura europea. Como veremos, ejercieron su propia influencia sobre los colonizadores, un proceso que culminó con la independencia de Brasil en 1822, un acontecimiento que transformó el paisaje sociopolítico del hemisferio occidental y afectó a las luchas de poder europeas en el «Viejo Mundo».

Por ello, es interesante examinar de cerca la historia de Brasil y pensar en los acontecimientos más importantes que influyeron en gran medida en la evolución del mismo hasta su forma actual. Una buena forma de hacerlo es observar el pasado de Brasil en el contexto más amplio de la colonización europea de las Américas, aunque incluso en este caso Brasil destaca como un ejemplo único debido a sus orígenes portugueses en contraste con la América española o anglofrancesa. No obstante, como colonia europea, Brasil compartió muchas experiencias con las naciones latinoamericanas y norteamericanas en lucha, la mayoría de las cuales lograron su independencia en el siglo XIX. En este sentido, la historia brasileña es una narración de los esfuerzos de su pueblo por afirmar las libertades universales y forjar su propio destino y camino hacia el progreso.

Y, sin embargo, a pesar de haber derrocado el yugo de los europeos en 1822, los últimos doscientos años de la historia brasileña han estado marcados por una agitación política y socioeconómica igualmente intensa. El legado poscolonial aún puede observarse en Brasil, como en la mayoría, si no en todas, las sociedades poscoloniales. Un aspecto de la vida brasileña actual que salta a la vista como claro resultado de siglos de intromisión colonial es la diversa composición etnocultural del país. Brasil es un crisol de poblaciones indígenas americanas, europeas y africanas. También es uno de los principales ejemplos de una sociedad en la que todos estos grupos diferentes consiguieron integrarse a la perfección.

Sin embargo, irónicamente, los principales retos a los que se enfrenta Brasil en la actualidad pueden compararse con los que tuvo que afrontar cientos de años antes. A pesar de las importantes posesiones territoriales del país y de sus vastos recursos, está plagado de altos niveles de desigualdad social y económica. En el siglo XX, el país sufrió importantes cambios políticos, incluida una larga dictadura militar, que dañaron la integridad de su estructura política. Hasta el día de hoy, muchos se muestran escépticos ante las élites políticas y económicas del país debido a la corrupción generalizada, que también penetra en los servicios civiles brasileños. En última instancia, los problemas que conforman el Brasil actual son múltiples y la única forma de abordarlos adecuadamente es examinar las circunstancias históricas en las que surgieron.

Así, este libro ofrece una historia concisa de Brasil. En los primeros capítulos, examinaremos brevemente las sociedades indígenas que habitaban Brasil antes de la llegada de los colonizadores europeos a América a finales del siglo XV. Por desgracia, nuestro conocimiento de esta época se limita sobre todo a las fuentes europeas y al legado arqueológico que nos queda, lo que significa que aún queda mucho por saber sobre los indígenas brasileños.

A continuación, pasaremos a la historia de Brasil como colonia, desde un enclave portugués en un Nuevo Mundo dominado por los españoles hasta el país más grande de Sudamérica. Examinaremos los factores económicos, políticos, culturales y sociales que contribuyeron al desarrollo del Brasil portugués. Esta época sentó las bases de lo que Brasil llegaría a ser una vez alcanzada la independencia de los colonizadores. Analizaremos la lucha por la independencia que transformó el panorama político de Brasil y de todo el hemisferio occidental. Por último, el libro narrará la historia del violento y turbulento cambio de Brasil del imperialismo a la democracia y los retos que el país tuvo que afrontar desde finales del siglo XIX. Asimismo, examinaremos la importancia moderna de Brasil en los asuntos políticos latinoamericanos e internacionales.

Capítulo uno - Los orígenes del Brasil colonial

La era de la exploración

La Baja Edad Media, que duró aproximadamente de los siglos XIV al XVI, fue una época crucial en la historia europea, y por buenas razones. Políticamente, los europeos habían conseguido alcanzar un *statu quo* algo estable, sobre todo en comparación con el milenio anterior, más o menos después de la caída de Roma en 476. La mayoría de los reinos, como Inglaterra o Francia, ya habían definido sus fronteras entre sí y habían establecido un orden cristiano con un sistema social distinguido. Consideraban al papa como el líder de facto del mundo cristiano. La expansión del islam, que había sido quizá la mayor amenaza percibida para la estabilidad europea, había sido contenida en su mayor parte.

Con la llegada del Imperio otomano y la caída de Constantinopla en 1453, la situación en Europa empezó a cambiar. La Europa católica vio una afluencia de emigrantes procedentes de las antiguas tierras del Imperio bizantino, ahora bajo el control de los otomanos. Varios eruditos, nobles, comerciantes y miembros del clero cristiano se trasladaron a Europa, llevando consigo valiosas posesiones que incluían manuscritos de la antigüedad clásica, conservados en las bóvedas de las iglesias griegas y antes inaccesibles para los europeos occidentales. Esto dio lugar a una renovada voluntad de aprender y redescubrir el rico pasado clásico de Europa, perdido con el caos que se había desatado desde la caída del Imperio romano de Occidente.

Este nuevo movimiento, practicado al principio por los miembros más ricos de la sociedad italiana, se conocería como el Renacimiento. Se trata de uno de los productos más fundamentales del pensamiento europeo medieval. El Renacimiento no solo se ocupó del arte, la literatura y la arquitectura. También dio lugar al desarrollo del humanismo, un movimiento que atribuía más importancia a las capacidades de los seres humanos como actores racionales que podían dar forma al mundo en el que vivían.

A su vez, los europeos comenzaron a estudiar lenta, pero inexorablemente el mundo que habitaban. Incluso mientras el cristianismo conservaba su importancia como principal guía para ordenar la vida europea, el movimiento humanista del Renacimiento hizo que los europeos de finales de la Edad Media estuvieran hambrientos de conocimiento y comprensión. Irónicamente, el *statu quo* católico acabaría siendo desafiado por los europeos, ahora cada vez más instruidos en las artes, las humanidades, la filosofía y la ciencia. Sin embargo, antes de que la Revolución Científica de finales del siglo XVI y el posterior movimiento de la Ilustración sacudieran fundamentalmente los cimientos tecnológicos y morales del continente, otro acontecimiento tuvo consecuencias materiales más inmediatas para los reinos europeos. Fue el comienzo de la Era de las Exploraciones.

Durante la Era de la Exploración, también llamada Era de los Descubrimientos, las naciones europeas emprendieron cada vez más viajes atrevidos, tratando de explorar lo que había más allá de las fronteras de su continente. En retrospectiva, a uno le puede parecer extraño que el alcance del conocimiento del mundo por parte de Europa fuera muy limitado en aquella época. Sí, conocían lugares lejanos como China y la India, habiendo comerciado con ellos a través de mercaderes intermediarios durante siglos. Su conocimiento de África, en cambio, se limitaba sobre todo a la costa septentrional. Por relatos antiguos y nuevos, Europa tenía una idea aproximada de estas tierras lejanas, de las que sabía que producían algunos de los materiales más valiosos. Sin embargo, estos relatos eran a menudo poco fiables. Además, solo fue posible explorar el mundo cuando los avances científicos de los años del Renacimiento empezaron a revolucionar la navegación y la construcción naval.

A la vanguardia de la exploración europea se encontraba el Reino de Portugal, que inició su expansión ultramarina a principios del siglo XV. Varios factores permitieron a los portugueses emprender tales empresas, circunstancias que simplemente no se daban para otros europeos en aquella época. Uno de esos factores fue el panorama político de Portugal en aquella época, que era muy estable y se caracterizaba por tener menos complicaciones. Por supuesto, hay que tener en cuenta que Portugal como reino se había formado tras cientos de años de guerra contra los dominios musulmanes de Iberia, que habían surgido en la península tras la etapa inicial de la expansión islámica en el siglo VIII. Portugal se estableció durante la Reconquista, el esfuerzo de los reyes cristianos por recuperar Iberia. Desde su aparición como reino independiente en el siglo XII, Portugal había expandido sus territorios a expensas no solo de los musulmanes, sino también de los reinos cristianos vecinos. A finales del siglo XIV, el reino cimentó finalmente su posición, con fronteras cercanas a las actuales, después de que el rey Juan I (João I) se convirtiera en el primer gobernante de la nueva dinastía juanina o Casa de Avís.

De hecho, la política portuguesa de expansión ultramarina estuvo directamente influida por las circunstancias creadas tras la centralización de la monarquía bajo la Casa de Avís. Distintas fuerzas comenzaron a ganar poder e influencia en la corte real, y todas tenían sus propios intereses y designios para la exploración. La monarquía vio en la expansión ultramarina una forma pragmática de aumentar los ingresos del reino después de que los años de guerras constantes hubieran mermado considerablemente el tesoro.

El enriquecimiento personal era también la principal motivación de la ascendente clase mercantil, una clase social relativamente nueva que había surgido como parte vital de la sociedad portuguesa.

La Iglesia católica, por su parte, creía que la expansión proporcionaba una vía para seguir difundiendo la palabra de Dios y su misión a las sociedades «paganas». Esto era especialmente importante para la Iglesia católica portuguesa porque su historia había estado marcada por la lucha contra las fuerzas no cristianas.

Muchos plebeyos también estaban ansiosos por subirse a los barcos expedicionarios y ser los primeros en adentrarse en lo desconocido. Para ellos, sobre todo para la población masculina, significaba la perspectiva de un nuevo comienzo, quizá uno que prometía grandes riquezas para aquellos que se atrevieran a emprender tales viajes.

El único sector importante de la sociedad que se mostró menos partidario de invertir en la expansión ultramarina fue la nobleza terrateniente. Los nobles disfrutaban del *statu quo* y creían que la afluencia de más gente en busca de nuevas tierras que conquistar, rutas comerciales que monopolizar y paganos a los que cristianizar actuaba en detrimento de la mano de obra de sus haciendas.

Así pues, el estado sociopolítico de Portugal fue muy importante en los primeros esfuerzos por explorar más allá de las partes conocidas del mundo. Sin embargo, hubo otros «facilitadores» del despegue de Portugal en sus esfuerzos coloniales y expedicionarios.

En primer lugar, como ya hemos mencionado, los avances tecnológicos en la industria naval y la navegación permitieron hacer travesías más largas y arriesgadas en alta mar. A partir de la década de 1440, los portugueses empezaron a utilizar cada vez más los nuevos barcos carabela, de gran movilidad y diseñados para navegar también en aguas poco profundas. El príncipe Enrique el Navegante (1394-1460), cuarto hijo de João I, cuyo apodo sugiere su activa participación en asuntos expedicionarios, desempeñó un papel importante. Patrocinó muchos de los viajes iniciales a cambio de un porcentaje de los beneficios que obtuviera la expedición. El príncipe Enrique creía que el futuro de Portugal estaba en ultramar, fuera como fuera, en parte porque la Reconquista ya se había completado.

Enrique el Navegante [1]

La expansión ultramarina se percibía así como una forma legítima de ampliar el poder económico y político portugués. También existía una necesidad más amplia de encontrar nuevas rutas comerciales hacia Asia, el antiguo proveedor de Europa de valiosos materiales comerciales, especialmente especias y seda. La expansión del Imperio otomano provocó la monopolización de las rutas comerciales por parte de los mercaderes otomanos, que mantenían estrechos vínculos con los comerciantes genoveses y venecianos. Esto hizo que los italianos se llevaran la mayor parte de los beneficios al dominar el comercio mediterráneo procedente del Imperio otomano. Esto también contribuyó al alto nivel de desarrollo de los estados italianos durante la Baja Edad Media.

Sin embargo, antes de que Portugal llegara a Brasil, o incluso antes de que tales viajes de larga distancia se percibieran siquiera como posibles, las actividades portuguesas de ultramar se limitaban sobre todo a la costa occidental africana. A lo largo del siglo XV, las expediciones portuguesas se abrieron camino hacia el sur a lo largo de la costa africana, alcanzando el cabo Bojador en 1434 y, de forma crucial, el cabo de Buena Esperanza en 1487. No se molestaron en adentrarse en el continente africano, sino que se quedaron cerca de la costa, estableciendo varios fuertes comerciales con una pequeña presencia militar permanente. Esto significaba que los portugueses tenían ventaja para beneficiarse de las mercancías que salían de esta parte de África, sobre todo el marfil y el polvo de oro.

Los portugueses también poseían las islas atlánticas cercanas a Europa y África occidental —Madeira, las Azores, Cabo Verde y Santo Tomé—, todas ellas adquiridas a lo largo del siglo XV. Estas islas actuaron como una red fiable para ampliar y concentrar las actividades comerciales portuguesas. Cada una de ellas se desarrolló económicamente para producir beneficios de forma independiente, lo que condujo al establecimiento de vastas plantaciones de azúcar. Para gestionar las plantaciones, los portugueses importaron esclavos africanos a partir de mediados del siglo XV, iniciando la infame práctica que configuraría la composición sociopolítica y demográfica del mundo en pocos siglos.

El objetivo principal de encontrar una ruta comercial marítima fiable a través de la India se cumplió a finales de siglo, cuando la expedición de Vasco da Gama logró rodear el cabo de Buena Esperanza, atravesar el océano Índico, llegar a la India y regresar en 1499. Esto supuso un alivio para Portugal por razones interesantes. La más obvia era el hecho de que el principal rival del reino —el Reino de Castilla— estaba interesado en alcanzar la expansión ultramarina de Portugal.

Castilla había disputado la propiedad de las islas Canarias y les había impuesto su dominio a principios del siglo XV. Además, en 1492, la reina Isabel I de Castilla aceptó financiar la expedición de cierto navegante genovés —Cristóbal Colón— que creía poder encontrar una ruta marítima a la India navegando hacia el oeste, en vez de hacia el sur a lo largo de la costa africana. Subestimando la verdadera escala de la Tierra circular e ignorando la existencia de otra enorme masa de tierra al oeste de Europa más allá del Atlántico, Colón se dirigió infamemente a las Américas en lugar de a la India.

Aunque ofrecían bastante menos que las ricas tierras de China o la India, las islas del Caribe que exploró Colón fueron reclamadas no obstante por los exploradores españoles. Proporcionaron un valioso puesto avanzado desde el que organizar nuevos viajes al continente americano, que prometía muchas más riquezas. Cuando se corrió la voz del primer viaje de Colón por toda Europa tras su regreso en 1493, los portugueses se apresuraron a ampliar sus esfuerzos, lo que dio lugar al viaje de Vasco da Gama.

En 1494, Portugal y la Corona de Castilla llegaron a un acuerdo que marcó el futuro de la expansión colonial. Se trataba del ajuste de una bula papal que había concedido a la Corona de Castilla el derecho a reclamar las tierras situadas al oeste de una línea arbitraria trazada a 100 leguas al oeste de las Azores. Esto se debió en parte a una interpretación incorrecta del primer viaje de Colón, que afirmaba haber llegado al mar de China en lugar de a las Antillas en el Caribe. João II de Portugal renegoció esta sentencia papal con la reina Isabel y el rey Fernando, por considerar que había desfavorecido injustamente a Portugal. En virtud del Tratado de Tordesillas, la línea se desplazó un poco más hacia el oeste: 370 leguas al oeste de las islas de Cabo Verde. Las tierras que se descubrieran al oeste de la línea podían ser reclamadas por Castilla, mientras que todo lo que estuviera al este de la línea era para Portugal.

El propio Tratado de Tordesillas produjo una demarcación muy arbitraria y no había forma clara de saber qué tierras pertenecerían a los portugueses y cuáles a los españoles. Nadie era consciente entonces del tamaño de las Américas, ni del hecho de que se podía llegar a la India si se continuaba hacia el oeste desde el punto donde Colón había desembarcado. Aun así, el mundo desconocido prometía mucho a los futuros colonizadores.

Poco después del regreso de Vasco da Gama en 1499, otra expedición portuguesa, encabezada por Pedro Álvares Cabral, zarpó de Lisboa. Compuesta por una flota de trece navíos, la expedición —una de las mayores de su época— tenía como objetivo llegar a las Indias Orientales y establecer allí las actividades comerciales portuguesas. Sin embargo, en lugar de navegar hacia el sur a lo largo de la costa africana, la expedición tomó una ruta hacia el oeste tras alcanzar las islas de Cabo Verde. Aproximadamente un mes después, a finales de abril de 1500, avistó tierra y tocó tierra en Porto Seguro, en la costa oriental de Brasil. Los portugueses habían llegado al Nuevo Mundo.

Encuentro con los nativos

Los portugueses llegaron al Nuevo Mundo unos ocho años después que los españoles. Y aunque las dos empresas coloniales acabarían tomando formas muy diferentes, las experiencias iniciales de los colonos fueron en gran medida las mismas. Además de que los europeos no tenían ni idea de lo que tenían delante, geográficamente hablando, otra realidad desconcertante de la exploración y colonización del Nuevo Mundo fue el encuentro con la población amerindia.

La población indígena de las Américas era muy diversa, aunque pudiera separarse en grupos lingüísticos o culturales, algo a lo que recurrieron los europeos poco después de su llegada. Había dos grupos principales en Brasil cuando llegaron los portugueses en 1500. El primer grupo eran los pueblos tupí-guaraní, que habitaban casi toda la costa brasileña y fueron los primeros en entrar en contacto con los portugueses. Los tupis vivían principalmente en el norte, mientras que los guaraníes lo hacían en el sur. La característica subyacente y la razón de la agrupación de estos pueblos era su lengua común.

El otro grupo importante de Brasil identificado por los colonizadores era el de los tapuia, nombre utilizado como término genérico para todos los pueblos no tupí-guaraníes de Brasil. Diferentes tribus de estos grupos incluían a los almoré, los tremembé y los goitacá, y ocupaban un área considerablemente menor que los pueblos tupí-guaraní.

Sabemos poco sobre la población indígena de Brasil antes de la llegada de los europeos. Nuestro conocimiento de sus orígenes y características etnoculturales consiste casi exclusivamente en pruebas arqueológicas y de ADN basadas en exámenes muy recientes de los territorios que habitaban.

Los portugueses produjeron registros muy sesgados contra los nativos desde sus primeros encuentros, un problema que generalmente plaga las narraciones de los primeros colonizadores. En los escritos que han sobrevivido de las primeras etapas de la colonización, a menudo vemos relatos contradictorios sobre las tribus nativas, basados sobre todo en sus relaciones con los colonizadores. Las tribus que se mostraron más amistosas con los portugueses y facilitaron el comercio se mencionan a menudo de forma positiva en los registros contemporáneos.

Por otro lado, los grupos de personas que opusieron más resistencia a los colonizadores o los que presentaban características culturales denostadas por el modo de pensar cristiano fueron vistos naturalmente de forma más negativa. En definitiva, las primeras interacciones portuguesas con estos diferentes pueblos produjeron más prejuicios, algunos de los cuales duraron décadas. Por ejemplo, los aimoré, notorios por su canibalismo (que practicaban algunos grupos dentro de los tapuia) y su feroz destreza bélica y militar, figuraban entre los grupos nativos más odiados. Este prejuicio se manifestó más claramente en 1570, cuando la prohibición de esclavizar a los nativos excluyó a los aimoré.

Para ciertas comunidades indígenas, los portugueses, con sus enormes barcos, sus poderosas armas, su piel blanca y sus prácticas cristianas, eran vistos como seres capaces de poseer poderes chamánicos especiales. Sin embargo, con el tiempo, a medida que se iban mostrando las verdaderas intenciones de los portugueses, los indígenas se vieron obligados a adaptarse a las nuevas circunstancias en las que se encontraban.

La superioridad tecnológica de los portugueses les permitió dominar militar y políticamente a las poblaciones autóctonas con facilidad. Una estrategia eficaz de los portugueses fue forjar alianzas con ciertas tribus y utilizarlas para luchar contra otras, lo que contribuyó al desarrollo de luchas y rivalidades intergrupales, las cuales acabaron por minar el esfuerzo colectivo indígena de resistencia.

En comparación con el modo de vida portugués, la organización social de los indígenas era más primitiva en casi todos los aspectos. Las poblaciones indígenas vivían en pequeñas comunidades y se dedicaban sobre todo a actividades de caza-recolección. Practicaban una agricultura limitada, sobre todo de subsistencia, y a menudo emigraban de sus viviendas cuando creían que la tierra ya no podía dar cosechas. Curiosamente, las principales mercancías objeto de comercio eran artículos de lujo, como piedras valiosas o plumas raras, en lugar de alimentos. Estas limitadas relaciones comerciales determinaron, en última instancia, la naturaleza de las relaciones entre tribus.

La cultura de los indígenas brasileños era bastante violenta. El canibalismo y los sacrificios eran prácticas destacadas, reservadas exclusivamente a los hombres, que tenían mayores funciones sociales que las mujeres porque eran guerreros. Sin embargo, las pruebas arqueológicas de la sociedad precolombina de la cultura marajoara (marajó), centrada en la isla de Marajó, en la desembocadura del río Amazonas, sugieren que concedían más importancia a las mujeres. Por ejemplo, se las representa a menudo en la cerámica marajó.

Exploraremos más a fondo la relación que se desarrolló entre los colonizadores y los indígenas amerindios de Brasil en capítulos posteriores. Lo que mencionaremos aquí es el legado obvio y quizá más horrible de la colonización: la diezma de la población indígena por las enfermedades introducidas por los europeos.

Es difícil determinar el número de indígenas que vivían en Brasil antes de la llegada de los portugueses, con estimaciones que oscilan entre unos pocos y doce millones de indígenas. Lo que podemos estimar con mayor precisión es que la población indígena experimentó un colapso demográfico completo tras encontrarse con enfermedades para las que no habían desarrollado inmunidad. La viruela se propagó rápidamente en las sociedades indígenas, diezmando las poblaciones y obligando a miles de personas a emigrar hacia el interior, lo que no detuvo la gravedad de los efectos de la enfermedad. Solo una décima parte de la población indígena brasileña tuvo la suerte de sobrevivir tras cerca de un siglo de colonización portuguesa, y el número siguió disminuyendo constantemente. La catástrofe demográfica que trajeron los colonos portugueses, unida a su conquista militar, a menudo despiadada, de las sociedades nativas, aceleró la desaparición de las comunidades indígenas.

Colonizar Brasil

Las primeras décadas tras la llegada de los portugueses a Brasil fueron dinámicas, pero no tan extensas como las actividades coloniales españolas de la época, centradas en la exploración de América Central. A diferencia de los españoles, que se atrevieron a aventurarse tierra adentro desde sus bases en las islas del Caribe, los portugueses optaron por ceñirse a la costa. No tardaron en darse cuenta de que la tierra a la que habían llegado era muy diferente de la India. Y, dado que la ruta marítima a la India alrededor de África acababa de ser descubierta, la Corona portuguesa se centró en establecer opciones fiables hacia la India en lugar de hacia un Brasil desconocido.

Los portugueses exploraron lentamente la costa brasileña mientras entablaban relaciones comerciales con los nativos, que recolectaban principalmente palo brasil para los colonos a cambio de artículos considerados sencillos y muy baratos para los europeos, como la ropa. (El nombre de la tierra procedía del árbol autóctono Paubrasilia, que no solo era bueno para fabricar artículos de mobiliario, sino que también podía utilizarse para producir tinte rojo, lo que hacía que esta mercancía fuera muy importante). Dado que los nativos ya tenían experiencia en la recolección comunal de palo brasil en varias de sus tribus, esta relación resultó rentable para ambas partes. Este tipo de actividad continuó durante aproximadamente las tres décadas siguientes.

La Corona portuguesa solo empezó a invertir seriamente en la colonización de Brasil en la década de 1530. Para entonces, Fernando de Magallanes, un portugués que navegaba bajo bandera española, había descubierto la ruta marítima hacia el oeste de la India desde Europa, que pasaba por un estrecho en el extremo sur de Sudamérica y a través del océano Pacífico. Su viaje demostró que no sería un esfuerzo rentable el desarrollar y perseguir esta ruta como alternativa viable a la ruta africana descubierta por Vasco da Gama.

Este factor, combinado con una nueva amenaza exterior, casi convenció a la Corona portuguesa para que considerara seriamente la colonización extensiva de Brasil. La amenaza procedía de los franceses, que habían decidido probar suerte en las empresas coloniales. Ellos mismos habían alcanzado la costa de Brasil, que no podía ser defendida eficazmente por los portugueses debido a su tamaño. Además, los franceses no reconocían precisamente el Tratado de Tordesillas, por considerar que había dividido injusta y arbitrariamente el mundo en beneficio de solo dos reinos, dejando fuera a los demás.

Finalmente, cuando empezaron a comerciar también con palo brasil y a establecer pequeños asentamientos a lo largo de la costa, tanto en el sur como en el norte de Brasil, João III de Portugal se vio obligado a actuar. En 1530, reconociendo la necesidad de una presencia permanente que defendiera los intereses comerciales de Portugal, envió una expedición a Brasil, encabezada por Martim Afonso de Sousa, a la que se encomendó la defensa de la costa.

Además, el rey decidió implantar un sistema administrativo más eficaz para controlar mejor las posesiones portuguesas a lo largo de la costa, dividiéndola en quince unidades, cada una gobernada por un capitán donatario (*donatários*). A los capitanes, que procedían de diversos estratos sociales, se les concedieron amplios derechos sobre sus porciones administrativas. Gobernaban efectivamente la tierra en nombre del rey, pero no eran sus propietarios. Cobraban tasas e impuestos, estaban obligados a explorar y cartografiar sus dominios y a formar milicias para defender sus territorios, pudiendo repartir las tierras entre los colonos si lo consideraban oportuno.

Sin embargo, el sistema de capitanías solo proporcionó una solución temporal a los problemas de los colonos. Por ejemplo, la mayoría de las unidades no tuvieron éxito económico. Las únicas capitanías que sobrevivieron y surgieron como posteriores centros de colonización portuguesa fueron Pernambuco, en el este, y São Vicente, en el sureste. Otras fracasaron por diferentes razones, como la ambición de los capitanes de extenderse demasiado y entrar en conflicto con los nativos. No obstante, el sistema sobrevivió en varias formas modificadas hasta el siglo XVIII, con los papeles y derechos de los capitanes en constante cambio. Se aplicaron cambios administrativos significativos cuando João III decidió establecer un gobierno colonial en Brasil con un gobernador designado.

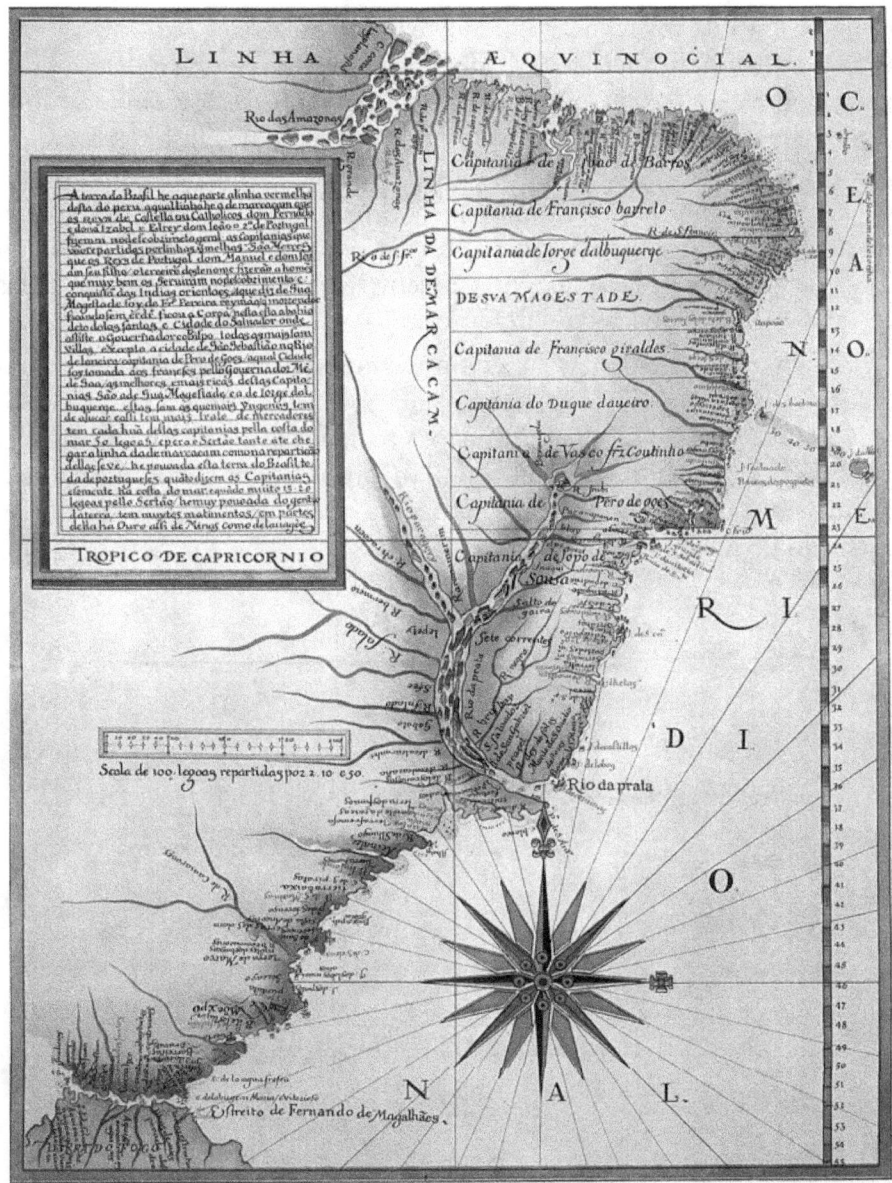

Mapa portugués (1574) de Luís Teixeira, que muestra la ubicación de las capitanías hereditarias de Brasil[2]

Esta decisión estuvo parcialmente influida por el éxito que estaban teniendo los colonos españoles en otras partes de América. Los españoles habían establecido formas más eficaces de gobernar sus posesiones coloniales y se habían expandido rápidamente por México, América Central y la parte noroccidental de América del Sur. El rey, creyendo que era necesaria una forma de gobierno más centralizada, envió así a Tomé de Sousa como primer gobernador real de Brasil en 1549 con una expedición de unos mil hombres. El primer gobernador también trajo cartas reales que identificaban el alcance de sus derechos y procedió a crear diferentes cargos administrativos que se ocupaban de asuntos judiciales, la recaudación de impuestos y el patrullaje de la costa. También hubo misioneros cristianos que acompañaron a de Sousa, entre ellos un grupo de sacerdotes jesuitas cuyo objetivo era vigilar estrictamente las prácticas cristianas de los colonizadores.

El nuevo gobernador y su equipo comenzaron a establecer varias grandes haciendas, en su mayoría plantaciones de azúcar. El azúcar se convertiría rápidamente en la principal mercancía de Brasil, aparte del palo brasil. En general, el control de la Corona sobre la colonia se hizo más firme, lo que lentamente se tradujo en ganancias económicas y en el desarrollo de un sistema que duraría siglos.

Capítulo dos - El Brasil portugués

Sociedad colonial

A mediados del siglo XVI, la empresa colonial portuguesa en Brasil se expandía lentamente. Dado que los portugueses se habían comprometido a permanecer en su colonia a largo plazo, empezaron a formarse ciertas estructuras sociales que definirían la sociedad brasileña durante siglos. Un aspecto importante de la nueva sociedad fue el sistema de trabajos forzados, que se implantó rápidamente y creció a lo largo de los años a medida que se expandía la actividad económica del Brasil portugués. Los portugueses no solo forzaron a muchos nativos a la esclavitud, sino que también comenzaron a importar cada vez más hombres y mujeres esclavizados de África. Esta práctica acabó convirtiéndose en una empresa enormemente rentable por derecho propio, al tiempo que se contaba entre los peores legados de la era de la colonización.

Para los colonizadores, la decisión de transportar esclavos africanos a Brasil era muy lógica. Esto se debió en parte a las diferencias culturales de las sociedades nativas brasileñas. Como hemos mencionado antes, no estaban acostumbrados al trabajo intensivo y solo trabajaban lo necesario para cubrir sus necesidades.

Esto no quiere decir que los colonos no esclavizaran a la población indígena. Sin embargo, los nativos también podían oponer una fuerte resistencia, algo que disuadió aún más a los colonos. Muchos nativos huían de las plantaciones en las que eran esclavizados, adentrándose en las selvas brasileñas, aún inexploradas por los portugueses. Como los nativos conocían mejor el territorio que habitaban, podían huir con más eficacia de los colonos.

Otro factor del cambio a la mano de obra esclava africana fue el catastrófico colapso de la población nativa tras su encuentro con los europeos. La contracción de virus mortales que provocaron la muerte de la mayor parte de la población nativa redujo simplemente la cantidad disponible de nativos que podían ser esclavizados por los portugueses.

También influyeron los esfuerzos de los misioneros cristianos, especialmente los jesuitas, que intentaron proteger a los nativos de la esclavitud. Sin embargo, los nativos nunca fueron considerados iguales a los colonizadores, a menudo se referían a ellos como objetos y «cosas» no humanas, incluso en los escritos de figuras religiosas. Las medidas de la Corona, como la ilegalización de la esclavitud de los nativos en la década de 1570, contribuyeron aún más, aunque muchas de estas medidas eran igual de arbitrarias. Por ejemplo, los nativos aún podían ser esclavizados si atacaban injustamente a los colonizadores o practicaban el canibalismo. Por último, la esclavización de la población indígena fue totalmente proscrita a mediados del siglo XVIII, aunque ya componían una parte menor de la fuerza esclava de Brasil antes de esta decisión.

A ojos de los portugueses, los africanos eran mucho más aptos para el trabajo que requerían los colonos, que incluía la recolección y el refinado del azúcar, tareas intensivas en mano de obra. Los esclavos transportados desde África también eran menos propensos a desarrollar respuestas tan mortales a las enfermedades europeas como los amerindios indígenas. Aunque muchos de ellos murieron poco después de llegar a Brasil, había más para esclavizar.

Los portugueses habían perseguido activamente el comercio de esclavos durante cerca de un siglo y sabían lo rentable que podía ser. En la primera mitad del siglo XVII, cuando la producción de azúcar alcanzó su punto álgido, también lo hizo el ritmo al que los portugueses transportaban esclavos africanos a Brasil. Las cifras crecieron exponencialmente. Se calcula que antes de que se prohibiera la esclavitud a mediados del siglo XIX, hasta cuatro millones de esclavos africanos habían sido llevados a Brasil, en su mayoría varones jóvenes que murieron en los primeros años de llegar a Sudamérica.

El crecimiento de las actividades coloniales portuguesas en Brasil fue de la mano del crecimiento de la práctica de la esclavitud. Algunas ciudades portuarias, como Río de Janeiro y Salvador, capital de Brasil hasta mediados del siglo XVIII, se convirtieron en centros del comercio de esclavos brasileño. Las conexiones y posesiones portuguesas en la costa africana permitieron el comercio de esclavos a gran escala, una empresa en la que Portugal era la principal nación europea y lo seguiría siendo durante siglos.

Los africanos que fueron esclavizados procedían de diversos orígenes étnicos. Se trataba de una práctica deliberada, ya que los colonos creían que transportar a muchos africanos de las mismas comunidades incitaría a movimientos de resistencia entre los esclavos una vez transportados a Brasil. Esto, combinado con la inmensidad del territorio brasileño y el desconocimiento del mismo por parte de los esclavos africanos, resultó eficaz contra cualquier esfuerzo de resistencia unida contra los colonos.

Aun así, eran frecuentes los casos de esclavos africanos fugitivos, que a menudo organizaban comunidades, conocidas como *quilombos*, donde establecían sus prácticas indígenas. Aunque no siempre eran grandes, estas comunidades se situaban en las periferias del control portugués. A veces crecían, permitiendo que se unieran a ellas amerindios blancos o indígenas convictos y buscados.

Los esclavos constituían el estrato social más bajo de la sociedad colonial brasileña, donde las divisiones se basaban principalmente en la etnia y el origen social. Esta característica estuvo presente en todas las sociedades coloniales americanas de diferentes formas. Los colonos varones blancos, especialmente los nacidos en Portugal, eran favorecidos entre el resto de la población, teniendo acceso a todos los derechos en función de su papel social.

La difusión de europeos, grupos indígenas y africanos acabó dando lugar a diferentes clases de base étnica, como la clase mulata, que acabó constituyendo la mayor parte de la población de las mayores ciudades brasileñas. Los *cafuzos*, nombre dado a los que tenían una mezcla de ascendencia indígena y africana, ocupaban una posición inferior en la jerarquía social, aunque técnicamente se los consideraba «libres». Es importante comprender que los colonos blancos siempre estuvieron en desventaja numérica, especialmente en los grandes centros urbanos como Río de Janeiro. Como la mayoría de los colonos eran varones (sobre todo en las primeras décadas de la colonización), los matrimonios mixtos y las relaciones sexuales con los indígenas eran una práctica habitual.

Los prejuicios sobre la inferioridad «natural» o «dada por Dios» de los diferentes grupos étnicos que tenían los colonos blancos fueron apoyados por instituciones prominentes, como la Iglesia católica. Más tarde, con el desarrollo de creencias pseudocientíficas que otorgaban una falsa importancia a las características físicas de los africanos o los indígenas, muchos de estos prejuicios se verían reforzados. Según sus adeptos, rasgos como el tamaño del cráneo o la «densidad» del cerebro demostraban su inferioridad frente a los blancos. Estas creencias deterministas influyeron enormemente en la composición de la sociedad brasileña y en los papeles sociales adoptados por los diferentes grupos que la componían durante los siglos venideros. La explotación estructural de los que se creía que eran «naturalmente inferiores» produjo más divisiones que aún pueden observarse en la mayoría de las sociedades poscoloniales, incluida la brasileña.

Por supuesto, también existían distinciones sociales dentro de las diferentes clases étnicas. Los colonos pretendían moldear la sociedad brasileña según los modelos y estándares europeos, copiando lo más fielmente posible las funciones de las clases sociales prominentes del Portugal medieval. Esto incluía las distinciones entre los miembros de la nobleza, el clero y los plebeyos. Sin embargo, estas distinciones no eran tan pronunciadas en Brasil.

Pocos nobles de Portugal abandonaron sus posesiones e influencia en Europa y se trasladaron por completo a la colonia debido a los evidentes riesgos asociados a este traslado. A los miembros de la sociedad colonial descendientes de la nobleza portuguesa se los denominaba *fidalgos* y eran más respetados que los colonos que se habían labrado su propia fortuna, siendo los primeros en emprender empresas coloniales.

Las diferencias del *antiguo régimen* medieval portugués solo se hicieron más prominentes en el siglo XIX, cuando la familia real portuguesa se vio obligada a huir de Lisboa para exiliarse en Brasil. Este momento definitorio de la historia brasileña, y las circunstancias sociales y políticas a las que dio lugar, se tratarán con más detalle en capítulos posteriores.

Antes de eso, los puestos más altos de la jerarquía social estaban ocupados por quienes tenían más poder económico: los terratenientes ricos y los mercaderes. Los movimientos sociales del Renacimiento ya habían aumentado la posición de los mercaderes en las sociedades europeas, a partir de los cuales comenzó a formarse una clase media-alta diferenciada. Como eran decisivos a la hora de proporcionar los medios para transportar mercancías a la madre patria y mantener la viabilidad económica de la colonia, su importancia en las colonias creció aún más.

Por otra parte, los miembros más ricos de la clase terrateniente eran propietarios de plantaciones que producían azúcar en grandes cantidades gracias a la mano de obra esclava que empleaban. La mayoría de los plantadores no eran de origen noble. Por el contrario, este grupo estaba formado por aquellos que habían sido los primeros en establecer plantaciones en Brasil.

Los plantadores y los comerciantes mantenían un firme control sobre la sociedad colonial de Brasil. Eran las fuerzas motrices de su economía y les interesaba sobre todo que continuara el *statu quo*. Aun así, ambos entraron en conflicto en ocasiones, ya que sus respectivos poderes no podían ser controlados eficazmente por las autoridades gubernamentales.

Economía brasileña

El principio organizador básico de las actividades económicas coloniales en el Brasil portugués era el mercantilismo. La mayoría de las naciones europeas de la época, si no todas, seguían una política mercantilista, que sostenía que cada nación debía acumular tantos recursos como pudiera, limitando las importaciones y confiando en las exportaciones. Este principio se aplicaba a los portugueses, que veían sus territorios de ultramar, Brasil incluido, como un medio de abastecer a la madre patria de recursos valiosos que pudieran exportarse a los mercados extranjeros. De hecho, diversificar los recursos disponibles para cada nación fue uno de los principales objetivos de la colonización. Para perseguir este objetivo y dominar el comercio internacional, las monarquías europeas regularon fuertemente las actividades económicas nacionales, y Portugal no fue una excepción.

En 1571, por ejemplo, la Corona portuguesa adoptó una política que configuraría la actividad económica de Brasil durante los siglos venideros. A los recursos producidos en Brasil debían acceder exclusivamente los mercaderes portugueses y comerciar con ellos hacia Portugal. No se permitía a ningún mercader extranjero acercarse a los puertos brasileños. Los mercaderes portugueses, que debían pagar un impuesto sobre las mercancías importadas a la Corona, pagaban lo menos posible por las mercancías y luego inflaban artificialmente sus precios al venderlas. Este enfoque, a largo plazo, era perjudicial para las economías coloniales, que, a pesar de producir enormes cantidades de recursos para las madres patrias, eran injustamente compensadas. Sin embargo, la Corona fomentó el mercantilismo, apoyando la creación de empresas comerciales financiadas por el Estado y semiprivadas que se especializaban en el comercio con las colonias y extraían todo lo que podían.

La política que concedía derechos exclusivos a los comerciantes portugueses para acceder al comercio en Brasil, implantada en 1571, siguió a varias décadas de libertad de comercio. Para asegurarse de que los comerciantes acataran la política, la Corona necesitaba establecer un control firme sobre sus posesiones en Brasil y mantener un orden público en el que se recordara a los individuos que seguían siendo súbditos de la monarquía portuguesa. Este había sido uno de los principales objetivos del establecimiento de una gobernación.

Además, el orden público y la obediencia a la Corona estaban garantizados gracias al papel de la Iglesia católica y a la creciente presencia de figuras religiosas en Brasil, que fueron especialmente prominentes a partir de mediados del siglo XVI. Los misioneros católicos estaban ansiosos por difundir el catolicismo, la religión estatal de Portugal, en parte porque percibían a los misioneros cristianos protestantes como sus rivales directos. La Iglesia y el Estado desarrollaron así una relación mutuamente beneficiosa en torno a sus papeles en Brasil, especialmente en los primeros tiempos de la colonización. La Corona defendió al clero y a menudo le concedió tierras para establecer monasterios en la colonia. A través de su constante implicación en la vida cotidiana de los súbditos brasileño-portugueses, la Iglesia era garante del orden y tenía vía libre para difundir el catolicismo. También pagaba una parte de sus ganancias a la Corona.

La producción económica de Brasil era diversa, con regiones especializadas en la producción de diferentes bienes. Al principio, la parte noreste de la colonia era la más importante económicamente, debido a que fue la primera zona colonizada por los portugueses. La ciudad costera de Salvador, actualmente en el actual estado de Bahía, fue la capital de la colonia hasta 1763, lo que estimuló el crecimiento y la producción en torno a la ciudad.

Esta parte de la colonia dependía de la producción y exportación de azúcar, una de las mercancías más valiosas del mundo en los siglos XVI y XVII. Un siglo antes, se había convertido en un alimento básico de la cocina europea en lugar de un producto de lujo. Los colonos pronto establecieron un sistema que maximizaba la producción de azúcar. Ayudado por un clima muy adecuado para el cultivo del azúcar, Brasil experimentó un auge económico durante estos años. Las capitanías del noreste fueron las que más se beneficiaron, gracias en parte a su relativa proximidad a los puertos europeos y a la riqueza de su suelo, regado por el río Amazonas.

La Corona ayudó al desarrollo de la economía azucarera en Brasil, por ejemplo, eximiendo a los plantadores de azúcar del pago de impuestos adicionales sobre sus ganancias. Esto incentivó a cada vez más gente a plantar azúcar, a pesar de que la cosecha de azúcar era un proceso tenue, laborioso e intrincado que requería gran destreza, condiciones perfectas y equipos adecuados. Debido a la naturaleza costosa de la producción azucarera, los plantadores solían pedir dinero prestado a todo tipo de acreedores, incluidas instituciones religiosas y órdenes católicas independientes que gozaban de privilegios financieros especiales. Más tarde, los plantadores desarrollaron una relación simbiótica con los comerciantes ricos, que a menudo financiaban el establecimiento de plantaciones de azúcar y, a su vez, compraban azúcar a los plantadores a un precio reducido.

A finales del siglo XVI, los esfuerzos por fomentar la producción de azúcar también tuvieron el efecto indirecto de aumentar el número de trabajadores esclavos africanos que trabajaban en las plantaciones. El procesamiento del azúcar requería una mano de obra intensiva que, a su vez, pasaba factura física a los que trabajaban en los campos. Dado que los colonos portugueses consideraban a los esclavos africanos como recursos esencialmente desechables, dependían cada vez más de ellos para cosechar el azúcar. Esto provocó la muerte de decenas de miles de esclavos, muchos de los cuales, como hemos mencionado antes, murieron por exceso de trabajo o por unas condiciones de vida horribles.

Dado que la demanda de esclavos africanos aumentó durante este periodo, cada vez se transportaban más esclavos de las posesiones africanas de Portugal a Brasil, y sus precios también empezaron a subir. Muchos plantadores, que habían aumentado enormemente su riqueza e influencia a mediados del siglo XVII, podían permitirse cada vez más esclavos, aumentando aún más sus beneficios.

Brasil ostentaba esencialmente el monopolio de la producción de azúcar y abasteció casi en solitario a los mercados europeos durante décadas, hasta que otras colonias empezaron cada vez más a cosechar azúcar por sí mismas. Las colonias caribeñas de Francia e Inglaterra surgieron como los principales competidores de Brasil.

Aunque la producción económica de Brasil se diversificó cada vez más en las últimas décadas del siglo XVII como respuesta a los nuevos rivales, el azúcar siguió siendo, sin embargo, un producto central. El azúcar representaba cerca de la mitad de todas las exportaciones brasileñas en el siglo XVIII, a pesar de que su rentabilidad había disminuido mucho desde su apogeo un siglo y medio antes. Más tarde, factores internacionales como la rebelión de los esclavos en la colonia francesa de Saint Domingue (Haití) —el mayor productor de azúcar del mundo en aquella época— revivieron la rentabilidad del azúcar brasileño. La rebelión, que se convirtió en toda una revolución en Haití, perturbó enormemente la producción de azúcar en la isla e incentivó a los comerciantes a visitar los mercados coloniales vecinos para comprar azúcar.

El algodón, el tabaco, el palo brasil, el café y la mandioca también se encontraban entre los bienes producidos en Brasil. A nivel nacional, muchos terratenientes también empezaron a criar ganado, que se convirtió en una parte vital del mercado agrícola brasileño. A finales del siglo XVII se descubrió oro en el sur de Brasil, lo que provocó una fiebre del oro. El oro, por razones obvias, se convirtió rápidamente en la principal exportación brasileña junto con el azúcar y contribuyó en gran medida al desarrollo del sur de Brasil, que hasta entonces se había considerado una periferia. También motivó a los colonos a adentrarse en el interior y explorar las misteriosas tierras del interior de Brasil, lo que dio lugar a la fundación de nuevos asentamientos. La fiebre del oro brasileña acabó configurando la dinámica socioeconómica de la colonia en el siglo XVIII, que exploraremos con más detalle más adelante.

Crisis en Brasil

A lo largo del siglo XVI, Brasil comenzó así a convertirse en una importante posesión ultramarina de Portugal. Aunque no podía presumir de la abundancia de metales preciosos que había en las colonias americanas de España, sin embargo, fue ampliando gradualmente su producción económica, atrayendo la atención de la madre patria. Cada vez más colonos comenzaron a emigrar al Brasil portugués. Se estudió muy bien el litoral e incluso varias expediciones viajaron al interior con la esperanza de encontrar más riquezas.

Fue entre los siglos XVI y XVII cuando las posesiones portuguesas en Brasil comenzaron a enfrentarse a su primera amenaza significativa. Esto se debió al complejo clima político internacional que surgió a finales del siglo XVI, cuando los reinos europeos se enzarzaron en conflictos a escala continental que también afectaron a sus territorios de ultramar.

En 1578, la monarquía portuguesa vivió una crisis sucesoria tras la muerte del rey Sebastián I, que no dejó herederos. Su tío abuelo Enrique, cardenal de la Iglesia católica, gobernó el reino durante los dos años siguientes. Pero tras su muerte en 1580, la Corona volvió a quedarse sin heredero. Surgieron diferentes contendientes para el trono portugués, pero la nobleza eligió al rey español Felipe II como nuevo monarca. Esto dio lugar al establecimiento de la Unión Ibérica, unos sesenta años durante los cuales la rama española de la Casa de Habsburgo gobernó España (a su vez una unión de las coronas de Castilla y Aragón) y Portugal. Los Habsburgo también heredaron posesiones en Italia y los Países Bajos, lo que los convirtió en la dinastía más poderosa de Europa en aquella época.

La Unión Ibérica significaba que los españoles y los portugueses podían ignorar temporalmente la línea del Tratado de Tordesillas, el acuerdo centenario que aún respetaban ambos. Las partes interesadas de ambos reinos, sobre todo los ricos comerciantes y colonos de las Américas, esperaban obtener un acceso más fácil a mercados hasta entonces inexplorados y beneficiarse de la nueva situación política.

Durante este periodo, los portugueses organizaron por primera vez varias expediciones a gran escala al corazón de Sudamérica, que cruzaron la frontera arbitraria establecida por el Tratado de Tordesillas y se aventuraron en el Amazonas. Aunque no se establecieron grandes asentamientos permanentes en lo que se convirtió en la parte centro-occidental del actual Brasil, el estado de Mato Grosso, estas expediciones supusieron una valiosa baza para que los portugueses reclamaran las inexploradas tierras sudamericanas.

Por otro lado, estar en unión personal con la Corona española significaba que los portugueses también se veían arrastrados a los conflictos librados por los Habsburgo españoles. Por aquel entonces, la Corona española se enfrentaba a una rebelión de sus súbditos en los Países Bajos, un conflicto que había comenzado en la década de 1560 y que duraría hasta mediados del siglo XVII. Cubrir los intrincados detalles de la revuelta holandesa contra los Habsburgo españoles está más allá del alcance de este libro, pero lo que sí debemos establecer es que los holandeses, teniendo designios coloniales, comenzaron a atacar las posesiones portuguesas en África, Asia y Sudamérica. Asaltaron Salvador en 1604 y fueron una amenaza para los barcos portugueses en el Atlántico durante los años siguientes.

A pesar de una tregua de doce años entre españoles y holandeses, de 1609 a 1621, durante la cual la colonia portuguesa disfrutó de un breve periodo de paz, los holandeses empezaron a echar cada vez más el ojo a los territorios portugueses de Sudamérica. Atraídos por la lucrativa industria azucarera, los holandeses crearon la Compañía Holandesa de las Indias Occidentales para hacerse con el control de las colonias de Sudamérica, débilmente defendidas, y emerger como la nueva superpotencia colonial. En Asia, la Compañía Holandesa de las Indias Orientales perseguía objetivos similares contra las colonias asiáticas de Portugal.

Tres años después de la ruptura de la tregua, en 1624, los holandeses volvieron a atacar Salvador y lo ocuparon sin encontrar mucha resistencia. El ataque supuso otra conmoción para los colonos portugueses de Brasil, que huyeron de Salvador y utilizaron tácticas de guerrilla durante los meses siguientes para impedir que las fuerzas holandesas expandieran su control más allá de la ciudad. Solo en mayo de 1625, tras la llegada de una fuerza de más de 10.000 soldados procedentes de Europa, los holandeses rindieron Salvador y devolvieron el control de la ciudad a los portugueses.

En 1630, los holandeses regresaron con una nueva fuerza, atacando ahora el noreste de Brasil y tomando las ciudades costeras de Recife y Olinda. Esta vez, los portugueses no pudieron hacer retroceder a los holandeses tan rápidamente debido a la ayuda que recibieron de los colonos portugueses locales. La Compañía Holandesa de las Indias Occidentales estableció su cuartel general en Recife y poco a poco comenzó a conquistar los territorios costeros situados más al norte. Lo que surgió fue el Brasil holandés o, como los propios holandeses se referían a la colonia, Nueva Holanda. No obstante, los guerrilleros portugueses dificultaron a los holandeses la obtención de beneficios de la producción azucarera durante los años siguientes.

La lucha por el control del noreste de Brasil continuaría hasta 1654. Para entonces, Portugal ya no estaba en unión personal con la Corona española y los holandeses habían conseguido finalmente su independencia de los Habsburgo tras ochenta años de lucha. Sin embargo, los portugueses seguían teniendo la intención de recuperar lo que habían perdido a manos de los holandeses en la década de 1630.

Gracias a los esfuerzos de resistencia de líderes locales como João Fernandes Vieira y André Vidal de Negreiros, los colonos portugueses de Brasil empezaron a lograr pequeñas victorias sobre las posiciones holandesas. El centro de la insurrección contra los holandeses fue la zona rural de Pernambuco, y las victorias acabaron por reducir las posesiones holandesas a Recife. Los locales salieron victoriosos en las dos batallas decisivas de Guararapes en 1648 y 1649, debilitando aún más la posición de los holandeses en Brasil.

A principios de 1652, debido a las crecientes tensiones entre Holanda e Inglaterra por sus posesiones en Norteamérica, ambos estados entraron en guerra, lo que supuso un tremendo costo para el esfuerzo bélico holandés en Brasil. En este momento crucial, el rey João VI de Portugal decidió finalmente enviar una gran escuadra naval para expulsar a los holandeses de Recife de una vez por todas. Se rindieron a las fuerzas portuguesas en enero de 1654.

Consolidación y expansión

La guerra contra los holandeses puso de manifiesto los evidentes problemas que habían existido en el sistema colonial. La incapacidad para defender ciudades costeras clave de los asaltos holandeses dejó claro que Portugal había ignorado durante mucho tiempo la defensa de su valiosa colonia. Aunque la Corona acabó reaccionando ante la invasión y ocupación de Brasil por las fuerzas holandesas, la victoria se debió en última instancia a los esfuerzos de los lugareños. Además, los holandeses también habían ocupado brevemente las posesiones portuguesas en África, en la actual Angola. Esto había interrumpido parcialmente la afluencia de esclavos africanos a Brasil y había dificultado aún más la estabilización tras la guerra. En conjunto, la economía de Portugal sufrió un gran golpe a mediados del siglo XVII y el país apenas conservó el control de Brasil, donde los colonizadores estaban ansiosos por reanudar la explotación imperial para obtener ganancias materiales.

Aun así, desde finales del siglo XVI se habían realizado esfuerzos cada vez mayores para seguir explorando el interior de Brasil. La ruta obvia era remontar el río Amazonas por el norte del país. Nadie conocía la extensión de las selvas tropicales y mucho menos el camino que seguía el río antes de desembocar en el océano Atlántico. Explorar esta parte del continente prometía ser una empresa meritoria porque podría unir potencialmente las posesiones portuguesas con las colonias españolas del norte y el oeste de Sudamérica. La ciudad costera de Belém, fundada en 1616 en la desembocadura del Amazonas, sirvió a este propósito y fue un punto de resistencia contra los franceses, que ocupaban tierras más al norte (territorios que acabaron convirtiéndose en la Guayana Francesa).

En 1637, el explorador portugués Pedro Teixeira se convirtió en el primer europeo en recorrer exitosamente toda la longitud del río Amazonas, llegando hasta el Perú español y reclamando en el proceso las vastas tierras de la selva amazónica para la colonia portuguesa. Sin embargo, esta parte de Brasil, ahora organizada en los estados de Pará y Amazonas, seguía estando subdesarrollada y contaba con una gran concentración de población indígena. No podía especializarse en la producción agrícola a gran escala, como el cultivo de azúcar o algodón, era muy pobre y estaba aún muy inexplorada.

Las densas selvas tropicales disuadieron a la mayoría de los exploradores de probar suerte en la zona, pero no todos temían dirigir expediciones tierra adentro, especialmente los que tenían la misión divina de difundir la palabra de Dios. Sí, el esfuerzo por explorar el norte y el centro de Brasil fue encabezado por misioneros cristianos, especialmente los grupos jesuitas, que comenzaron a fundar pequeñas aldeas y convirtieron a decenas de miles de indígenas amerindios al catolicismo a mediados del siglo XVIII.

En general, los jesuitas estaban en contra de la violencia sistémica practicada contra los indígenas, y los colonos a veces los veían con malos ojos por este motivo. Dado que habían obtenido el apoyo de los indígenas, muchos vieron su creciente influencia en la región como potencialmente perjudicial para la futura cohesión de la colonia. En consecuencia, los jesuitas fueron expulsados temporalmente de la zona en 1684. Finalmente regresaron y continuaron con sus actividades misioneras hasta 1752, cuando la Corona prohibió sus actividades en el norte de Brasil.

También se habían hecho esfuerzos tempranos para expandirse hacia el sur, donde la ciudad de São Paulo había sido fundada en 1554 por un grupo de misioneros jesuitas. Bautizada con el nombre del apóstol Pablo y situada en una cómoda meseta a unos 800 metros sobre el nivel del mar, São Paulo, actuó como centro desde el que se lanzaron misiones durante las primeras décadas de su existencia. La razón principal de ello fue, una vez más, la mayor presencia de grupos indígenas. De hecho, las regiones más septentrionales y meridionales de Brasil también eran similares en muchos otros aspectos. Ambas regiones tenían un menor rendimiento económico y una mayor influencia de los misioneros jesuitas. Los colonos portugueses se casaban a menudo con los indígenas, dando lugar a la clase *mameluco*, palabra utilizada para referirse a la descendencia de colonos blancos y nativos.

São Paulo también actuó como un importante centro para posteriores exploraciones hacia el sur y el oeste. A los colonos expedicionarios se los denominaba *bandeirantes*. El nombre procede de la palabra portuguesa para bandera —*bandeira*—, ya que las expediciones estaban encabezadas por abanderados designados y antiguas unidades militares portuguesas de hasta cincuenta hombres. Los *bandeirantes* desempeñaron un papel muy importante en la expansión de las fronteras del Brasil colonial, mucho más allá de la línea de Tordesillas. Sus expediciones estaban formadas por *mamelucos* locales paulistas (residentes en São Paulo) y colonos blancos, que estaban al mando. Las expediciones contaron con el apoyo de un gran número de indígenas amerindios, que siguieron el ejemplo de los colonos y fueron fundamentales para navegar por las zonas desconocidas del sur de Brasil.

Un cuadro de *bandeirantes* brasileños [8]

Los *bandeirantes* viajaban en todas direcciones desde São Paulo, encontrándose regularmente con aldeas de nativos no contactadas previamente y esclavizando a la población indígena. Sus expediciones tardaban a veces varios años en completarse y muchas de ellas se organizaban independientemente del apoyo del gobierno colonial. Por supuesto, los burócratas portugueses a cargo de la capitanía de São Vicente y más allá, en general veían con buenos ojos los esfuerzos de los *bandeirantes* por explorar las zonas remotas, sobre todo porque extendían aún más el control portugués sobre las áreas dominadas por los nativos.

Los amerindios prisioneros de estas aldeas remotas eran vendidos como esclavos en el sur, sobre todo en Río de Janeiro, donde había una nueva demanda de mano de obra esclava debido al reciente desarrollo de la industria azucarera. Las extensas actividades de los *bandeirantes* coincidieron con los años en que se interrumpió el suministro constante de esclavos africanos a Brasil debido a la guerra en curso con los holandeses.

Las expediciones de *bandeirantes* también fueron vitales para la historia del Brasil colonial en otro aspecto. A finales del siglo XVII, en el actual estado montañoso de Minas Gerais, los *bandeirantes* descubrieron oro. Como se puede imaginar, esto afectó enormemente a la dinámica socioeconómica del Brasil colonial, provocando una fiebre del oro que llevó a miles de colonos a emprender viajes a lo desconocido en busca del metal precioso. Esto fue especialmente cierto para muchos que fueron directamente de Portugal al sur de Brasil en busca de una vida nueva y próspera. Se calcula que más de medio millón de portugueses llegaron a Brasil durante las primeras décadas posteriores al descubrimiento del oro.

Este descubrimiento impulsó la economía de la parte sur de la colonia, que hasta entonces se había visto eclipsada por las zonas productoras de azúcar más ricas del noreste. Ahora, sin embargo, el noreste empezó a perder lentamente su importancia económica y política. La producción de azúcar ya había sufrido un duro golpe durante las guerras con los holandeses, y la creciente demanda de mano de obra esclava y el aumento de la emigración al sur tuvieron sus consecuencias. Esto se manifestó mejor en 1763, cuando la capital de la colonia fue trasladada de Salvador a Río de Janeiro, que rápidamente se convirtió en la ciudad de mayor crecimiento de Brasil junto con São Paulo.

Otro efecto del descubrimiento del oro fue que la Corona portuguesa se interesó más por la regulación de su colonia, lo que llevó al establecimiento de nuevas demarcaciones administrativas e importantes servicios civiles, como los tribunales y juzgados municipales. El oro también estaba fuertemente gravado, y al menos una quinta parte de todos los metales preciosos extraídos (también se descubrió diamante, pero en una cantidad mucho menor) iba directamente al tesoro real. Los mineros colonos también pagaban impuestos en función de la cantidad de esclavos que empleaban. Los que eran independientes, es decir, que no tenían esclavos, también tenían que pagar tasas adicionales.

El grado en que la madre patria se implicó de repente en la vida cotidiana del Brasil colonial fue notable. La Corona también intentó equilibrar los intereses de las diferentes regiones de su colonia. Los habitantes de São Paulo habían solicitado inicialmente privilegios especiales en cuanto al acceso a las minas de oro, pero a Lisboa no le interesaba favorecer abiertamente a una parte de la colonia en detrimento de otra. Se introdujeron cuotas de esclavos en el sur para asegurarse de que el suministro de esclavos a las plantaciones azucareras del noreste se mantuviera estable.

Sin embargo, una participación tan rápida y activa en los asuntos de la región colonial más reciente tuvo sus consecuencias. Tanto los colonos europeos como los *mamelucos* empezaron a desconfiar de las autoridades nombradas a nivel central, que cada vez desatendían más sus demandas con el fin de acumular el mayor beneficio posible para la Corona. Con el crecimiento de la economía minera gracias al aumento de la oferta de esclavos, los colonos más ricos de la región meridional ganaron mucha influencia y poder político. Muchos ricos terratenientes, algunos de ellos plantadores de azúcar, también diversificaron sus ingresos involucrándose en el negocio minero.

El descubrimiento del oro también contribuyó al desarrollo de nuevos sectores de la economía centrados en el oro, creando oportunidades para extraer directamente el recurso. Esto alcanzó su punto álgido a mediados del siglo XVIII y comenzó a declinar lentamente, con las minas de oro brasileñas agotándose poco a poco en el siglo XIX.

Capítulo tres - El nacimiento del Brasil independiente

Luchando con la madre patria

En la segunda mitad del siglo XVIII comenzó en Brasil un período de verdadera turbulencia social y política. En el centro de esta agitación se encontraban, una vez más, los acontecimientos internacionales más amplios de Europa que transformaron para siempre el destino del continente y de sus pueblos. La estructura monárquica absolutista de los reinos e imperios europeos empezó a mostrar sus grietas cuando la Ilustración aportó nuevas ideas sobre el autogobierno y las libertades personales. Importantes pensadores británicos y franceses desafiaron el *statu quo* absolutista con sus escritos, afirmando los principios fundamentales del liberalismo sobre los que acabaría fundándose el mundo occidental moderno.

Estas ideas liberales se manifestaron en una serie de crisis experimentadas por algunos de los imperios europeos más poderosos, que desembocaron en el estallido de la guerra de independencia de las Trece Colonias contra Gran Bretaña en 1776. Los revolucionarios derrotaron a las fuerzas británicas y fundaron los Estados Unidos de América, que supusieron una amenaza para los designios imperiales de los europeos. Además, la Revolución francesa, que comenzó en 1789, supuso un importante cambio de paradigma en Europa. Con el rey francés Luis XVI derrocado, los revolucionarios proclamaron una república y aplicaron medidas radicales que amenazaron a otras monarquías del continente.

De la mano de estos desarrollos políticos se produjeron cambios socioeconómicos. La Revolución Industrial inauguró una era de desarrollo económico inédita gracias a la invención de nueva maquinaria y al uso de nuevas fuentes de energía para hacer el trabajo. El desarrollo de fábricas locales impulsó la productividad de la industria y la manufactura europeas, dando lugar a mayores niveles de urbanización que repercutieron positivamente en el desarrollo económico.

Los acontecimientos de mediados y finales del siglo XVIII y las ideas en las que se basaban tenían su fundamento en los avances de la ciencia y la filosofía durante el Renacimiento, que también había dado el pistoletazo de salida a la Era de los Descubrimientos que había convertido a ciertas potencias europeas en dueñas del Nuevo Mundo. Ahora, sin embargo, esas mismas ideas, más desarrolladas (y, en algunos casos, radicalizadas), suponían una amenaza para esas mismas posesiones coloniales.

En el siempre cambiante mundo occidental, Portugal era un claro perdedor. Comparado con Francia y, sobre todo, con Gran Bretaña —que había encabezado la Revolución Industrial y obtenido una ventaja en el desarrollo económico—, Portugal estaba muy rezagado.

Los británicos, que se estaban industrializando rápidamente y adoptando nuevas políticas económicas para garantizar un mayor crecimiento de sus mercados interior y exterior, intentaron explotar la debilidad de las posesiones coloniales de Portugal y España. También empezaron a abandonar sus antiguas prácticas mercantilistas y comenzaron a practicar el libre comercio. Incluso después de haber perdido sus posesiones en Norteamérica en la guerra de Independencia de los Estados Unidos, los británicos se perfilaban poco a poco como la nueva potencia hegemónica del mundo. Su sistema político relativamente estable les permitió dominar a sus rivales en ultramar. Cada vez participaban más en las actividades económicas de otras colonias europeas, que aún seguían los principios de exclusividad que ponían en desventaja a los comerciantes locales. Los británicos negociaban a menudo en secreto con los comerciantes extranjeros para acceder a sus mercados, fomentando el contrabando y otras actividades ilegales que perjudicaban los ingresos coloniales de España y Portugal.

Los portugueses, por su parte, intentaron seguir el ritmo del mundo que se modernizaba rápidamente, aunque se resistían a abandonar por completo el Antiguo Régimen. Aunque empezaron a tomar medidas para rivalizar con los británicos con las reformas emprendidas durante el reinado de José I, llegaron demasiado tarde. A finales del siglo XVIII, las minas de oro de Brasil empezaban a agotarse y la aparición de otros grandes fabricantes de azúcar provocó una crisis económica en la colonia. Mientras tanto, en Portugal, Lisboa había sido destruida casi por completo por un gran terremoto en 1755, y los fondos se destinaron a la reconstrucción de la capital. En Sudamérica, los exploradores portugueses se enfrentaban cada vez más frecuentemente a los españoles por los territorios del sur, lo que supuso un nuevo gasto para el reino.

Como respuesta, la Corona intentó centralizar aún más su dominio sobre las colonias y obtener un control más firme sobre su producción económica. Por ejemplo, como hemos mencionado, la Corona decidió expulsar a los jesuitas de Brasil en 1759. Las posesiones de la orden religiosa fueron confiscadas e incautadas por completo o redistribuidas. También se crearon fábricas en las zonas urbanas de Brasil para incentivar la producción local y no depender completamente de las materias primas como principal fuente de ingresos de la economía brasileña. Portugal también fomentó los esfuerzos para integrar aún más a la población indígena en la sociedad colonial, dominada políticamente por colonos blancos y mestizos. Con este fin, la Corona abolió la esclavitud indígena en 1757, como ya se ha mencionado antes.

Sin embargo, estas medidas no fueron suficientes para cambiar significativamente el panorama socioeconómico de Brasil, donde muchos empezaron a culpar de sus problemas a sus señores coloniales. Los brasileños observaron de cerca los acontecimientos en otras colonias europeas, especialmente en Estados Unidos, que fue un ejemplo de resistencia exitosa contra los poderes coloniales y de afirmación del derecho al autogobierno. Las ideas liberales motivaron a grupos a organizar movimientos conspirativos locales en diferentes regiones de Brasil. Aunque estos movimientos sentaron las bases de una conciencia nacional que más tarde desembocó en la independencia brasileña, no contaron con un amplio apoyo en la colonia. Las clases dominantes del Brasil colonial, incluidos los ricos terratenientes y comerciantes, apoyaban en gran medida el mantenimiento del *statu quo* de desigualdad social, aunque también creían que la independencia de Portugal podría aumentar enormemente sus ganancias personales.

De las conspiraciones de finales del siglo XVIII en Brasil, la Inconfidência Mineira es la que más destaca. Sus líderes, los *inconfidentes*, eran miembros de la élite de Minas Gerais e incluían a varios ricos terratenientes, militares y funcionarios del gobierno colonial, abogados y hombres de negocios que tenían vínculos tanto con el régimen colonial de Brasil como con Europa. Influidos por las destacadas ideas liberales de la época, reconocieron el decadente estado social de su región, plagada de crisis económicas y corrupción. Su objetivo era derrocar al gobierno colonial y organizar una república constitucional, siguiendo el modelo de Estados Unidos. Los separatistas apoyaban la abolición de la esclavitud en Brasil y la posterior creación de una sociedad igualitaria e independiente.

Los inconfidentes de Carlos Oswald '

A pesar de desarrollar planes ya en 1788, los *inconfidentes* nunca fueron capaces de actuar y su conspiración fue pronto descubierta. Encarcelados y juzgados durante los dos años siguientes, fueron condenados a morir en la horca en 1792. El cuerpo de uno de sus miembros, un oficial militar de bajo rango llamado Joaquim José da Silva Xavier —más conocido por su apodo *Tiradentes*, o «Sacamuelas»— fue cortado en pedazos tras la ejecución, y su cabeza se expuso públicamente en la plaza de la ciudad de Ouro Preto. Aunque la Inconfidência Mineira no se materializó en ninguna victoria de los brasileños locales contra los colonizadores portugueses, la importancia simbólica del movimiento permaneció en la conciencia de los colonos. Con el tiempo, Tiradentes, que había reivindicado la responsabilidad de liderar la insurrección, a pesar de desempeñar un papel relativamente pequeño en ella, se convirtió en un héroe nacional del Brasil independiente. Como mártir que murió por la libertad, aún pervive en la memoria de los brasileños.

Monarquía en Brasil

El comienzo del siglo XIX trajo otro desarrollo único, influido por las circunstancias en Europa, que afectó enormemente al futuro de Brasil. Surgido como emperador de Francia tras el caos de la Revolución francesa, Napoleón Bonaparte emprendió una guerra contra la mayor parte de Europa en la primera década del siglo XIX. El éxito de los franceses en las primeras fases de las guerras napoleónicas había desembocado en el dominio total de Europa Occidental y en el embargo económico de Gran Bretaña, el principal adversario de Napoleón y la única potencia a la que no pudo derrotar de forma decisiva. El Sistema Continental, establecido en 1806, prohibía a cualquiera de los Estados europeos clientes de Francia comerciar con los británicos. El sistema fue aplicado por los franceses, aunque algunos países, como Rusia, seguían practicando secretamente el comercio con Gran Bretaña.

Otra excepción al bloqueo fue Portugal, que hasta entonces había permanecido neutral en las guerras contra Francia y se había aliado defensivamente con los británicos. Creyendo que el comercio entre británicos y portugueses ponía en peligro sus objetivos en Europa, el general francés decidió invadir Portugal a través de su Estado cliente de España en noviembre de 1807.

Portugal no estaba preparado para una guerra total contra los franceses, y no solo por la superioridad de las veteranas fuerzas francesas. La Corona también se encontraba entonces en una crisis política. La reina en ejercicio, María I, que había sufrido la muerte de su marido, Pedro III, y de su hijo y heredero al trono, el príncipe José, había desarrollado problemas con su estado mental y no podía gobernar eficazmente el reino. En su lugar, el gobierno había sido asumido por su hijo menor, el príncipe João, que se convertiría en João VI de Portugal en 1816, tras la muerte de su madre.

Actuando como regente en el periodo más crítico del trono, el joven príncipe sabía que no podía oponer resistencia a la maquinaria bélica francesa de Napoleón. En cambio, tomó la interesante decisión de huir de Portugal a Brasil.

João VI de Portugal[6]

Al enterarse de la invasión francesa, João, escoltado por la Armada británica, decidió trasladar la corte real a Río de Janeiro, dejando el reino en Europa libre para la toma de Napoleón. A finales de noviembre de 1807, el joven príncipe, acompañado por unas 15.000 personas, entre burócratas y funcionarios del Estado, miembros de la familia real, jueces, nobles, importantes figuras religiosas y oficiales del ejército y la marina, zarpó rumbo a Sudamérica.

En un movimiento que conmocionó a la población portuguesa, el príncipe se apoderó de todo lo que consideraba valioso para el funcionamiento de la Corona con el fin de negar a los franceses el control sobre los aparatos de gobierno portugueses. Esto incluía el tesoro real, las imprentas y los archivos reales. La gente tenía razón al pensar que su soberano los había abandonado, huyendo cobardemente de un enfrentamiento con las fuerzas de Napoleón. João y su corte habían intentado decir a sus súbditos que mantuvieran la calma y no se resistieran a los invasores, afirmando que la familia real regresaría algún día, aunque esto sirvió de poco para disuadir el pánico.

El viaje a Brasil fue largo y tenue. El hacinamiento en los barcos fue un gran problema, causando escasez de suministros y malas condiciones sanitarias que provocaron el brote de varias enfermedades y muchas muertes. Los barcos también sufrieron las tormentas en el Atlántico que separaron partes de la armada y crearon problemas de organización. Finalmente, João y la mayoría de los barcos llegaron a Salvador, en lugar de a Río, destino al que fueron trasladados la madre del príncipe y otros miembros de la familia real. La razón del cambio de destino no está clara, aunque probablemente se hizo para reafirmar la importancia política de la antigua capital. Sin embargo, su corte solo permaneció brevemente en Salvador, continuando el viaje a Río en aproximadamente un mes e iniciando una nueva era en la historia de Brasil.

El traslado de la monarquía a Brasil constituyó un caso único en la historia de la colonización europea y fue seguido de importantes acontecimientos sociales y políticos en Río y en otros lugares. Había que abordar muchos problemas en Brasil, algunos de ellos introducidos por los miles de nuevos inmigrantes y otros enraizados en el desarrollo histórico de la colonia. Una de las primeras medidas de la administración del príncipe João fue abrir los puertos brasileños a los barcos extranjeros, un decreto que pretendía normalizar las relaciones comerciales con Gran Bretaña.

La situación que se vivía en Brasil impulsó a la administración del príncipe a adoptar otros cambios significativos dirigidos a impulsar la economía brasileña. La Corona comenzó a apoyar la economía brasileña, invirtiendo directamente en la creación de fábricas para impulsar la manufactura local y concediendo subvenciones a diferentes industrias. Muchos aranceles, parte del antiguo sistema mercantilista, fueron abolidos para fomentar el comercio nacional e internacional.

Aunque estos cambios trajeron mejoras positivas a Brasil, los británicos fueron los más beneficiados, económicamente hablando. Los decretos de João legalizaron esencialmente el comercio con los mercaderes británicos, que habían practicado el contrabando en los puertos brasileños durante muchas décadas. El destino de Portugal como reino independiente en Europa dependía en gran medida de Gran Bretaña y de su guerra contra los franceses, una realidad que daba a los británicos mucha influencia política. Una parte de la Marina Real británica también defendía la costa de Brasil en caso de invasión extranjera, ya que la Corona portuguesa no disponía de recursos para reunir una armada competente. Los británicos utilizaron esta influencia para llegar a acuerdos aún más provechosos con los portugueses en Brasil, garantizando ventajas para los productos británicos que llegaban a los puertos brasileños.

Por otra parte, pronto quedó claro para muchos brasileños que la residencia de la corte real en Brasil no significaba precisamente prosperidad. La Corona seguía actuando en su propio interés y desatendiendo en gran medida las demandas de la población local. Como se había perdido el control efectivo sobre los territorios europeos, los brasileños estaban ahora sobrecargados de impuestos. Y, como ya se ha mencionado, la liberación de las restricciones comerciales no alivió la nueva carga fiscal. Además, algunas de las medidas tomadas por el príncipe João provocaron una mayor inestabilidad. Organizó varias expediciones militares al sur con la esperanza de hacerse con el control de la Banda Oriental en el Río de la Plata, donde los portugueses habían disputado a los españoles sus reivindicaciones durante más de un siglo.

Este descontento con el nuevo régimen tuvo su mejor manifestación en la rebelión de Pernambuco de 1817, durante la cual toda la provincia nororiental se rebeló contra el recién coronado João VI. Los rebeldes culparon al rey de favorecer no solo a los portugueses de su reino frente a los locales, sino también a los brasileños del sur frente a los del norte. Una fuerte identidad regional había sido un elemento básico de Pernambuco, y no es de extrañar que el movimiento contra la Corona en 1817 fuera muy heterogéneo, con la mayoría de los sectores de la sociedad pernambucana participando en la revuelta. Partiendo de la ciudad de Recife, la revuelta acabó extendiéndose a otras partes de Brasil, convirtiéndose en la primera amenaza significativa para la seguridad de João desde su llegada a Brasil. Sin embargo, la diversa composición de la rebelión también significó que los diferentes grupos se habían unido al movimiento para perseguir sus propios fines, desestabilizando todo el esfuerzo. Así pues, las fuerzas reales sofocaron la rebelión en mayo y ejecutaron a sus líderes en Recife.

De una colonia a un imperio

Para entonces, las guerras napoleónicas habían concluido con la derrota de los franceses y se había restablecido el *statu quo* anterior en Europa. Los vencedores impulsaron el fortalecimiento de las monarquías conservadoras en el continente. Esto significaba que João y su corte podrían regresar a Portugal y gobernar la colonia desde allí. Sin embargo, João decidió quedarse en Brasil, optando por convertir la antigua colonia en un reino hermanado con su antigua madre patria colonial. Lo que resultó fue el Reino de Portugal, Brasil y los Algarbes, una unión en la que los territorios de ultramar de Portugal tenían al menos nominalmente el mismo estatus.

Sin embargo, el nuevo reino duró poco. La decisión de João de permanecer en Brasil con su corte había parecido extraña a los portugueses de Europa, y lo mismo ocurrió con la proclamación de una nueva unión con Brasil y los Algarbes. En 1820, un levantamiento militar en la ciudad de Oporto dio lugar al estallido de una revolución liberal en Portugal, en la que los revolucionarios establecieron un gobierno de junta y gobernaron en nombre del rey. El objetivo de la revolución, inspirada en las ideas liberales de la Ilustración, era hacer frente a la ambigüedad existente en Portugal con la ausencia del rey y de otras entidades gubernamentales.

Aunque los revolucionarios estaban en contra de la institución de la monarquía absoluta, la naturaleza de la revolución no era totalmente «liberal», ya que apoyaban el control de Portugal sobre sus territorios de ultramar. Esto era característico de otros movimientos liberales de la misma época. Durante la revolución haitiana de unas décadas antes, por ejemplo, muchos liberales franceses habían abogado para que el ejército francés sofocara la rebelión y retomara el control sobre Haití, isla que proporcionaba a la Francia continental valiosos recursos y era un motor de su economía. Los revolucionarios portugueses pensaban mayoritariamente de la misma manera en 1820.

Los revolucionarios también decidieron convocar la convención y la reforma de las Cortes. Las Cortes eran una antigua asamblea portuguesa en la que representantes de la nobleza, el clero y la burguesía de las diferentes provincias de Portugal se reunían a veces a petición del rey para ayudarlo en asuntos cruciales. Era similar a los Estados Generales de Francia, una institución en la que las disputas entre los diferentes grupos sociales habían desencadenado la Revolución francesa en 1789. La principal exigencia de los revolucionarios era que el rey regresara a Portugal y que las Cortes se convirtieran en la institución suprema, con representantes de todos los territorios bajo control de Portugal. El objetivo era redactar una constitución y reformar el país de acuerdo con las creencias liberales, aunque todavía no estaba todo establecido.

João, considerando su plan de acción tras conocer las noticias de Europa, se enfrentó entretanto a una rebelión local en las fuerzas armadas que alimentó un descontento masivo en las zonas urbanas de Brasil. Finalmente, aunque el rey temía que el regreso a Lisboa pusiera fin a su gobierno, se vio obligado a acceder a las exigencias de los rebeldes, embarcando hacia Portugal en abril de 1821, con la corte real acompañándolo. Instaló a su hijo, el príncipe Pedro, como regente de Brasil para gobernar en su lugar.

Mientras tanto, las Cortes se reunían en Portugal para discutir el destino del reino y de sus territorios de ultramar. Durante sus asambleas a lo largo del año, los miembros portugueses de las Cortes denunciaron repetidamente cualquier idea de autogobierno brasileño y trataron con condescendencia a los brasileños, a los que veían como subordinados al dominio portugués. En un interesante giro de los acontecimientos, los representantes se pronunciaron a favor de integrar las provincias brasileñas directamente bajo la jurisdicción de Portugal, lo que esencialmente degradó el estatus de Brasil de nuevo a colonia de ultramar de Portugal. Los representantes también hicieron regresar a Lisboa a muchos de los oficiales portugueses de alto rango que habían permanecido en Brasil y exigieron lo mismo también al príncipe Pedro.

La presión aumentó sobre el joven príncipe, ya que una facción liberal brasileña muy destacada abogaba por la ruptura con Portugal. También contaban con el apoyo de varios funcionarios portugueses residentes en Brasil en aquella época, que organizaron una petición para convencer al príncipe de que desobedeciera las órdenes de las Cortes. Entre los principales liberales brasileños se encontraba José Bonifácio de Andrada, que desempeñaría un papel relevante en los acontecimientos de los años siguientes.

Finalmente, el 9 de enero de 1822, el príncipe Pedro tomó la decisión de quedarse en Brasil y desafiar las exigencias de los revolucionarios portugueses. El acontecimiento se conoció como el *Dia do Fico*, o «Día de me quedo» y marcó un importante punto de inflexión en la historia de Brasil. Pronto se corrió la voz de su decisión crucial. Prácticamente todo Brasil apoyó al joven príncipe, aunque algunos intentaron organizar un golpe de Estado para acabar con los designios de Pedro de convertir Brasil en un Estado autónomo. Un contingente de tropas portuguesas que permanecía en Brasil, dirigido por el oficial Jorge Avillez, organizó una rápida rebelión. Los rebeldes se vieron rápidamente superados en número. Pedro, en lugar de castigar a los soldados, les ofreció la oportunidad de zarpar hacia Portugal. Algunos que juraron lealtad al nuevo gobernante de Brasil decidieron quedarse y pasaron a formar parte del nuevo ejército que se estaba organizando, con José Bonifácio de Andrada como líder.

Las cosas se movieron rápidamente durante los meses siguientes. Como solía ocurrir entre los revolucionarios liberales de la época, surgieron distintas facciones que vislumbraban futuros bastante diferentes para Brasil antes de que Pedro pudiera consolidar su posición y declarar oficialmente la independencia. El ala conservadora de los brasileños, incluido Bonifácio, creía que Brasil debía organizarse en una monarquía constitucional con un gobierno elegido, pero con derechos de voto limitados a ciertos grupos de la sociedad brasileña. Los liberales más radicales preferían el sufragio universal, y algunos incluso esperaban abolir la monarquía o limitar los poderes del monarca, aunque la mayoría reconocía que este último escenario no era tan probable.

Las Cortes portuguesas, al enterarse de los acontecimientos que habían tenido lugar en Brasil, enviaron un mensaje de rechazo a las acciones del príncipe y lo instaron a regresar de nuevo a Lisboa. Cuando las noticias de las exigencias de las Cortes llegaron a Pedro, que se encontraba cerca del río Ipiranga, viajando hacia São Paulo, pronunció estas famosas palabras a sus compañeros: «*¡Independência ou Morte*!» («¡Independencia o muerte!»). El 1 de diciembre de 1822 sería proclamado primer emperador de Brasil como Pedro I.

El primer reinado

A partir de finales de 1822, las cosas se movieron muy deprisa en el recién independizado Imperio de Brasil. La decisión de Pedro I de proclamar la independencia de Portugal fue recibida, naturalmente, con mucha resistencia. Lisboa intentó preparar una respuesta adecuada para lo que consideraba una traición del príncipe real. Debido a las marcadas diferencias e identidades regionales, no hubo consenso entre las distintas provincias de Brasil. Algunas, especialmente en el norte, declararon su apoyo a Portugal. Sin embargo, la antigua potencia colonial poco podía hacer para obligar a los brasileños a volver a la subordinación. Las Cortes portuguesas no estaban en condiciones de enviar una gran fuerza a Sudamérica y solo podían confiar en los focos de resistencia que quedaban en algunas partes de Brasil para hacerse con el control de la colonia.

Pedro construyó rápidamente un ejército brasileño local, y muchos de sus partidarios empezaron incluso a organizar milicias locales para plantar cara a los que se resistían. También se liberó a muchos esclavos a cambio de su reclutamiento en el ejército, lo que dio lugar al impresionante crecimiento de las fuerzas brasileñas a principios de 1823. Lo que siguió fue una breve guerra de independencia durante la cual las tropas portuguesas que quedaban en Brasil lucharon por separado contra las fuerzas brasileñas leales a Pedro.

Al principio, las fuerzas portuguesas tomaron el control de algunas de las principales ciudades brasileñas, como Salvador y Recife. Sin embargo, pronto se vieron obligadas a rendirse, superadas en número por los brasileños. Los brasileños dominaron a los portugueses en los mares, y muchos portugueses cambiaron de bando y declararon su lealtad a Pedro y a su causa. La mayoría de las fuerzas portuguesas fueron derrotadas o huyeron por mar a finales de 1823, y la guerra había terminado en gran parte.

Lo que siguió fueron meses de dilaciones por parte del gobierno portugués. No queriendo renunciar a sus esperanzas de mantener el control sobre Brasil, intentó negociar con grupos de interés locales y actores internacionales. Pero, para 1824, Pedro había consolidado su posición en el recién independizado Brasil. Además, algunas potencias extranjeras, sobre todo Estados Unidos, reconocieron la independencia brasileña, lo que redujo las bazas de negociación de que disponía Lisboa. Gran Bretaña también apoyó un Brasil independiente, viéndolo como una solución viable para la protección de sus intereses comerciales en Sudamérica. Gran Bretaña no reconoció formalmente la independencia de Brasil porque exigía que Brasil pusiera fin a su participación en el comercio de esclavos. Sin embargo, esta no era una opción inmediata, ya que la economía del país dependía en gran medida de la mano de obra esclava.

Con el golpe de Estado del verano de 1823, João VI recuperó el poder absoluto en Portugal, complicando aún más la situación política. Finalmente, Lisboa accedió a reconocer la independencia de Brasil tras extensas negociaciones y la mediación de Gran Bretaña. En agosto de 1825, Brasil aceptó pagar a Portugal la cuantiosa suma de dos millones de libras esterlinas como reparación por los daños económicos infligidos a Lisboa con la pérdida de la colonia a cambio del reconocimiento. Pedro no disponía en aquel momento de esta cantidad tan elevada de capital, por lo que la administración del emperador se vio obligada a pedir prestada la suma a los bancos británicos. A pesar de los términos desfavorables, el emperador brasileño sabía que tenía que obtener el reconocimiento de Portugal si quería que otras naciones europeas reconocieran formalmente a un Brasil independiente y normalizaran sus relaciones.

En el plano interno, la principal preocupación política del Brasil recién independizado era la cuestión de cómo organizaría el nuevo gobierno. En mayo de 1823, los miembros de la nueva asamblea constituyente se reunieron por primera vez para trabajar en la constitución del país y definir los poderes y competencias judiciales, legislativos y ejecutivos. Las extensas negociaciones y maniobras políticas duraron cerca de un año hasta que se aprobó la primera constitución en marzo de 1824.

Pedro I de Brasil[6]

Para su época, era un documento bastante liberal y también bastante único. Comparado con otros países latinoamericanos que se habían independizado recientemente de España, Brasil era el único con un sistema monárquico. Esto significaba que, al principio, había preocupaciones sobre el estatus y el papel del emperador, así como el alcance de sus poderes en relación con el sistema parlamentario que los reformadores liberales deseaban introducir. También había dudas sobre el estatus de la nobleza y otras instituciones del Antiguo Régimen, como el papel de la Iglesia católica.

La constitución que finalmente se adoptó y ratificó se mantendría en vigor con pocas modificaciones hasta el final del Imperio brasileño. Estuvo influida por otros documentos similares de la época. La Constitución de 1824 garantizaba las libertades individuales fundamentales de pensamiento y reunión, la igualdad de todos los ciudadanos ante la ley y las libertades religiosas (aunque el catolicismo romano pasó a ser la religión oficial y las demás religiones solo podían practicarse en privado).

Políticamente, instituyó una monarquía constitucional en la que el poder legislativo —formado por la Cámara de Diputados y el Senado— debía elegirse mediante votación indirecta y restringida. El derecho de voto no se extendió a toda la población de Brasil y debían cumplirse ciertos requisitos económicos para presentarse a las elecciones y poder votar. Solo los hombres con unos ingresos de al menos 100 milréis podían votar, pero no elegían directamente a sus candidatos. Por otro lado, solo los hombres católicos con unos ingresos anuales de al menos 400 milréis podían presentarse como diputados a la cámara baja. Se elegían tres candidatos como representantes de cada provincia en el Senado, y el emperador tenía la última palabra sobre quién se convertiría en senador, un cargo que era vitalicio.

Los electores votaban a un colegio electoral, que a su vez elegía a los diputados. Administrativamente, el sistema de provincias se mantuvo en su mayor parte intacto, pero el emperador podía elegir a los presidentes individuales que gobernaban cada provincia. También se introdujo un Consejo de Estado especial, compuesto por consejeros mayores de cuarenta años con más de 800 milréis de ingresos que servían de por vida y eran nombrados por el emperador. La función del Consejo era asesorar al emperador en momentos críticos, aunque el Consejo en sí no tenía poderes ejecutivos ni legislativos. Además de los poderes mencionados, el emperador podía disolver la Cámara de Diputados y tenía la última palabra sobre las leyes aprobadas por el parlamento, con derecho a vetar cualquier decisión de cualquiera de los dos órganos.

En general, el sistema social y político del Imperio de Brasil era muy distinto del de otras antiguas colonias que se habían independizado por la misma época, e incluso de algunos de los sistemas implantados en Europa. Era una monarquía constitucional bastante conservadora, con el voto restringido a una porción claramente definida de la población que gozaba de una mejor posición económica, lo que contribuía a una mayor desigualdad en el imperio a largo plazo. El emperador tenía amplios derechos y considerables poderes ejecutivos, capaz de influir en la composición y el funcionamiento de algunas de las instituciones más importantes.

Los primeros años inmediatamente posteriores a la independencia estuvieron marcados por mucha inestabilidad y conflictos. Hubo otra rebelión en las provincias del norte, originada en Pernambuco, que se extendió rápidamente por la mayor parte del norte de Brasil en julio de 1824. El principal líder de la insurrección fue Frei Caneca (Fray Taza, el clérigo había vendido tazas durante su infancia), que incitó a los rebeldes contra el sistema fuertemente centralizado instaurado por la Constitución de 1824. Los insurrectos, formados en su mayoría por ricos terratenientes y hombres de negocios del nordeste, anunciaron la formación de un estado independiente llamado Confederación del Ecuador, que incluiría Pernambuco, Paraíba y Ceará.

Sin embargo, la confederación duró poco. Las fuerzas imperiales sometieron a los rebeldes en noviembre, ejecutando a los líderes. Aunque la rebelión no tuvo éxito, la fuerte identidad regional de Pernambuco y otros territorios del nordeste de Brasil se había manifestado una vez más, y los sentimientos revolucionarios no se apagarían inmediatamente después de 1824.

Otra rebelión en el sur de Brasil acabó forzando al nuevo imperio a un conflicto con las Provincias Unidas del Río de la Plata por la provincia de Cisplatina. El conflicto por el control de esta tierra había caracterizado durante mucho tiempo las relaciones hispano-portuguesas, y acabaría en una completa derrota militar de los brasileños en agosto de 1828. El ejército brasileño estaba desorganizado y era débil en comparación con las fuerzas argentinas, compuestas por brasileños reclutados a la fuerza y muchos mercenarios extranjeros. Ambos bandos sufrieron duramente el conflicto que duró más de dos años. Finalmente, se firmó un tratado de paz gracias a la mediación británica y surgió la nueva nación independiente de Uruguay.

Estos conflictos pusieron de manifiesto algunos de los problemas de la economía brasileña, que recibió un duro golpe que desembocó en una crisis financiera en toda regla. El Banco de Brasil, inaugurado en 1808 con la llegada de João VI, se vio obligado a cerrar en 1829, al agotarse por completo sus reservas de oro. La moneda brasileña se devaluó para luchar contra la inflación, pero fue en vano. El papel moneda que se emitía solo tenía valor en Río de Janeiro, mientras que otros grandes centros urbanos lo aceptaban a un valor inferior, lo que provocó que su valor cayera aún más en relación con monedas internacionales como la libra esterlina. Esto, a su vez, causó problemas para pagar a los funcionarios y a los militares, cada vez más críticos con el régimen. Los sentimientos liberales contra el emperador iban en aumento en la segunda mitad de la década de 1820.

La crisis económica vino acompañada de una serie de acontecimientos que, combinados con los estragos de la guerra, provocaron una agitación social muy extendida en Brasil. Con la muerte de João VI de Portugal en 1826, el emperador Pedro era el siguiente en la línea de sucesión al trono. Existía una gran preocupación en Brasil por la posibilidad de que restableciera la unión con Portugal y abandonara Río para trasladarse a Lisboa. Pedro, sin embargo, abdicó del trono portugués en favor de su hija María. Como ella era demasiado joven en aquel momento para tomar el relevo, su hermano, Miguel, se convirtió en el rey. En la mente de los brasileños, esta decisión fue muy reveladora. Creían que su emperador debería haber renunciado de una vez por todas a sus vínculos con el trono portugués y haber establecido una nueva dinastía para Brasil. Aun así, esta decisión no habría podido revertir los problemas económicos y sociopolíticos que sufrían los brasileños.

Las tensiones existentes en la sociedad brasileña se intensificaron a partir de 1830, una vez más influidas por la cambiante situación en Europa, donde una revolución liberal en Francia condujo al establecimiento de la Monarquía de Julio. Los liberales de todo el mundo se sintieron inspirados para impulsar reformas, especialmente en sociedades tan desiguales como la brasileña, donde la mayoría de la población estaba excluida de derechos tan básicos como votar en las elecciones.

Los periódicos brasileños empezaron a publicar destacados manifiestos liberales y Río de Janeiro se vio envuelta en llamamientos a la destitución del emperador. A la agitación se sumaron las manifestaciones de apoyo de los monárquicos portugueses, que apoyaban la postura del emperador Pedro. Esto enfureció aún más a los liberales, que eran mayoría. En marzo de 1831, varios oficiales militares destacados se pusieron del lado de los liberales, que exigían reformas. Ante la creciente presión e incapaz de resolver la situación, Pedro I se vio obligado a abdicar en abril de 1831 en favor de su hijo, Pedro II. Sin que el pueblo de Brasil lo supiera, esta decisión conduciría a una de las épocas más turbulentas de la historia brasileña, conocida como el período de la regencia, que puso el futuro de la nación en manos inciertas.

Capítulo cuatro - Del Imperio a la República

La Regencia

El periodo de la regencia fue una de las décadas más turbulentas de la historia de Brasil. En retrospectiva, actuó como un periodo de transición desde la abdicación del emperador Pedro I en 1831, hasta la ascensión de su hijo, Pedro II (que solo tenía cinco años en 1831) en 1840. Durante este tiempo, Brasil fue gobernado por una sucesión de diferentes grupos de políticos que intentaron mantener el orden en medio de la incertidumbre y la crisis.

En última instancia, el periodo de regencia puso de manifiesto algunos de los problemas más arraigados de la esfera sociopolítica brasileña. Al quedarse sin la fuerza «supervisora» del emperador, que era una parte esencial del aún joven Estado brasileño, los políticos en el poder fueron víctimas de una serie de grupos de interés en conflicto que dejaron al imperio al borde del colapso. Brasil se enfrentaba a graves problemas internos, derivados de las antiguas diferencias entre sus clases sociales y sus identidades regionales. Se produjeron varias rebeliones importantes que se cobraron la vida de miles de personas en diferentes partes del imperio, ya que los regentes estaban desesperados por mantener su autoridad en ausencia del emperador.

La mayoría de las medidas aplicadas durante la regencia estaban destinadas a reformar aspectos considerables de la sociedad brasileña, con el objetivo primordial de reducir el poder centralizado. En junio de 1831, la Asamblea General Legislativa eligió a tres individuos como regentes en lo que comúnmente se conoce como la regencia triunviral. Los delegados fueron elegidos para actuar también como representantes de diferentes regiones y grupos de interés: José de Costa Carvalho, veterano político y fundador de uno de los periódicos más destacados de São Paulo, *O Farol Paulistano*; João Bráulio Muniz, de Maranhão, en representación de las regiones norte y noreste, y Francisco de Lima e Silva, militar de Río de Janeiro.

El «triunvirato» no tardó en ponerse manos a la obra, y uno de sus principales objetivos era limitar el alcance de los poderes moderadores del emperador. El poder moderador era una rama especial del poder esbozada por la Constitución de 1824, exclusiva de Brasil, y confería una influencia considerable en manos del emperador. Se utilizaba para referirse a las competencias especiales del emperador, como su derecho constitucional a nombrar y destituir libremente a los ministros, convocar la Asamblea General o disolver la Cámara de Diputados, vetar la legislación propuesta y conceder amnistías o indultos a los presos. En general, como su nombre indica, el emperador debía tomar decisiones de tanta importancia basándose en su criterio, ya que se lo consideraba un individuo que estaba por encima del Estado.

Con el Acta Adicional de 1834, la regencia propuso cambios en la Constitución que finalmente fueron aprobados por la Cámara de Diputados, de mayoría liberal, la cual había reclamado una mayor descentralización del poder. El Acta Adicional prohibió el uso del Poder Moderador y concedió a las provincias una mayor autonomía con las recién implantadas asambleas legislativas regionales, que sustituyeron a los anteriores Consejos Generales (*Conselhos Gerais*). Las asambleas tenían amplios derechos para presidir los asuntos judiciales y civiles locales sin implicar directamente al gobierno central. Podían recaudar impuestos, determinar sus presupuestos y, quizá lo más importante, nombrar a los funcionarios en los cargos locales.

El Acta Adicional también disolvió el Consejo de Estado (órgano consultivo exclusivo que podía ser convocado por el emperador), que los legisladores consideraban en gran medida inútil. Río de Janeiro también pasó a ser un municipio neutral, convirtiéndose en un distrito federal independiente, similar a Washington, D. C., en Estados Unidos. La influencia del federalismo estadounidense puede verse claramente en otras reformas adoptadas durante el periodo de la regencia, como los cambios aplicados al código de justicia penal en 1832. Estos cambios amplificaron la importancia del sistema de jurado para muchos casos judiciales, de forma similar al sistema de justicia estadounidense.

Otra reforma importante que precedió a la adopción del Acta Adicional fue la creación de la Guardia Nacional, una medida para reformar el desorganizado ejército brasileño, que acababa de sufrir una derrota. Aunque todavía contaba con muchos oficiales de origen portugués en los puestos más altos, los principales problemas del ejército eran los soldados rasos de los escalafones inferiores, que llevaban mucho tiempo quejándose de sueldos inadecuados y malas condiciones. La implantación de la Guardia Nacional pretendía disminuir la importancia del ejército imperial, controlado centralmente, donde existían la mayoría de los problemas. A partir de 1831, todos los varones de veintiún a sesenta años debían alistarse en regimientos regionales de la Guardia Nacional que, en esencia, otorgaban a las provincias el control sobre las milicias mejor organizadas. Una vez alistados, quedaban exentos del servicio militar obligatorio del ejército imperial. El principal objetivo de la reforma, influida por medidas similares adoptadas en Francia en aquella época, era animar a los ciudadanos locales a participar activamente en los asuntos militares.

En 1835 se celebraron elecciones para elegir al regente único que tomaría el relevo de la regencia triunviral que había gobernado Brasil desde 1831. Esto se había decidido con el Acta Adicional un año antes. El consenso desde el principio fue que el triunvirato no duraría hasta la llegada de Pedro II. Diogo Antônio Feijó, un liberal moderado, se convirtió en el nuevo regente. Anteriormente, había sido ministro de Justicia y había abogado por una mayor autoridad y descentralización.

Durante su mandato como único regente, Feijó contó con la oposición de los legisladores conservadores, muchos de los cuales querían que Pedro I volviera a ser emperador, así como de los «exaltados» liberales radicales, muchos de los cuales habían abogado por la abolición del imperio y el establecimiento de una república federal. Se suponía que Feijó debía de actuar como mediador entre los dos grupos e impulsar reformas liberales moderadas que mantuvieran el *statu quo* de la monarquía constitucional, aunque empezó a experimentar una oposición generalizada. Más importante aún, su mandato como regente estuvo plagado de inestabilidad provincial y del estallido de dos insurrecciones que durarían mucho más allá del periodo de regencia: la de Cabanagem en la provincia de Pará y la «guerra de los Farrapos» en Rio Grande do Sul, en el sur. Trataremos la naturaleza de estas rebeliones más adelante, pero debilitaron significativamente la posición de Feijó, que se enfrentó a duras críticas de sus rivales por no ser capaz de pacificar rápidamente a los rebeldes. Finalmente, en 1838, se vio obligado a dimitir. Se celebraron nuevas elecciones, que ganó el conservador Pedro de Araújo Lima, el último de los regentes del periodo transitorio.

La llegada de Pedro II

Incluso antes de 1835, la regencia había tenido problemas con varios casos de levantamientos armados en diferentes partes de Brasil. Aunque estas insurrecciones no tenían un programa común, todas eran manifestaciones de fuertes posiciones regionales contra el moderado *statu quo* liberal instaurado por la regencia triunviral.

Los levantamientos fueron provocados por un conjunto diverso de factores. Por ejemplo, la rebelión Cabanada, que estalló en Pernambuco en 1832, fue en gran medida un movimiento de las poblaciones rurales, que habían sufrido la crisis económica provocada por la caída de los precios del azúcar y el algodón. Estas personas, conocidas como los *cabanos*, formaban los escalones más bajos de la sociedad del norte y noreste de Brasil y abogaban por el regreso de Pedro I como emperador. Aunque fueron pacificados en 1835, los *cabanos*, unidos a los amerindios locales, a los esclavos y a la población mixta de la región, también se rebelaron en Belem, iniciando otro levantamiento conocido como el Cabanagem que duró hasta 1840. Entre las causas inmediatas de esta insurrección, que diezmó el norte de Brasil y a una quinta parte de la población de la provincia, estuvo el nombramiento por parte del gobierno central de un presidente provincial desfavorecido.

Salvador también se convirtió en centro de levantamientos populares, uno de los cuales fue la rebelión de los esclavos de 1835 conocida como la revuelta de Malê. Unos 600 *malês*, que constituían la minoría musulmana esclava de la ciudad, se sublevaron y provocaron el caos en Salvador. Las fuerzas gubernamentales reprimieron brutalmente a los esclavos en solo un día debido a la naturaleza desorganizada del levantamiento, lo que produjo respuestas encontradas por parte de los grupos sociopolíticos opuestos de Brasil. La revuelta de Malê de 1835 reavivó el debate sobre la práctica de la esclavitud en Brasil, que se convertiría en un tema destacado hasta los últimos años del Imperio brasileño. Varias otras revueltas de esclavos estallarían también en ciudades con grandes poblaciones de esclavos, como Río de Janeiro, aunque la mayoría fracasaron debido a la incoherencia de las acciones de los rebeldes.

También fue importante la insurrección conocida como la Sabinada (1837-1838), llamada así por uno de sus líderes, Francisco Sabino. La Sabinada obtuvo el apoyo de la clase media de Salvador, pero finalmente fue reprimida tras un asedio de las fuerzas imperiales que causó hasta 2.000 bajas. Además, los habitantes del estado de Maranhão, que se consideraban económicamente desfavorecidos por la crisis financiera en curso, se sublevaron en la revuelta de la Balaiada de 1838, apoyada por algunos liberales urbanos. Se hicieron con el control de la ciudad de Caxias y causaron una destrucción masiva durante los tres años siguientes antes de ser derrotados por las fuerzas imperiales en 1841.

En las tierras del sur de Rio Grande do Sul, los *farrapos* locales, o «la gente vestida con harapos», se sublevaron en 1835. La más duradera de las rebeliones del período de la regencia (hasta 1845), la revuelta Farroupilha también se conoce como la guerra de los Farrapos. Los líderes de este levantamiento eran en su mayoría ricos ganaderos que habían mantenido estrechas relaciones con los vecinos uruguayos desde la época colonial y protestaban por el aumento de los impuestos en su provincia. La rebelión, gracias al gran liderazgo de experimentados revolucionarios —como el comandante italiano exiliado y futuro líder de la unificación de Italia, Giuseppe Garibaldi— fue una espina clavada en el costado del gobierno brasileño. Pronto, influenciada por sus lazos argentinos y uruguayos, la revuelta se convirtió en un movimiento separatista, con los rebeldes proclamando la República Riograndense independiente de facto y defendiendo enérgicamente su posición durante el período de regencia.

En resumen, a pesar de los esfuerzos por resolver algunos de los problemas derivados de la centralización del Imperio brasileño, la regencia experimentó problemas generalizados que ejercieron mucha presión sobre el gobierno en funciones, especialmente en la segunda mitad de la década de 1830. Mientras tanto, el espectro político brasileño se consumía en una división más firme entre liberales y conservadores, que acabaría dando lugar a la creación de los dos principales partidos políticos del país.

Después de que el conservador Araujo Lima asumiera el cargo de regente, aprobó medidas «regresivas» para centralizar aún más el poder. Entre sus políticas regresionistas se encontraba el retroceso de algunos de los privilegios provinciales implantados por el Acta Adicional de 1834. Esto causó descontento entre los liberales, pero no cambió la situación general para mejor. A medida que las tensiones continuaban, las élites políticas empezaron a favorecer cada vez más el acceso al poder del todavía demasiado joven Pedro II, que entonces solo tenía catorce años.

La idea de rebajar la edad de acceso al trono había existido ya durante la primera etapa de la regencia. A pesar de la división entre liberales y conservadores, algo en lo que ambos bandos (excepto los defensores radicales del republicanismo) estaban de acuerdo era en la importancia del emperador. Las élites sabían que la regencia era una etapa transitoria hasta que el joven heredero al trono alcanzara la mayoría de edad, tras lo cual el sistema político brasileño se reanudaría tal y como se había esbozado en la Constitución de 1824. Los políticos respetaban al emperador y lo que el título representaba, reconociendo en gran medida que la monarquía era una parte indispensable de Brasil.

Así, mientras los dirigentes brasileños se esforzaban por hacer frente a las continuas crisis, decidieron depositar su confianza en la figura que creían que poseía la autoridad y el respeto suficientes para reconducir a Brasil hacia la estabilidad. La opción de que Pedro I regresara como emperador ya no estaba sobre la mesa, pues había fallecido en Portugal en 1834. La siguiente opción lógica era el joven Pedro II.

Curiosamente, fueron los liberales quienes presentaron la legislación que proponía rebajar la edad de acceso al trono, poniendo en marcha una activa campaña para convencer a los legisladores de que la aprobaran. Ambas cámaras acabaron convenciéndose. Una vez obtenida la aprobación del parlamento, Pedro II ascendió al trono de Brasil en julio de 1840.

El segundo reinado

En retrospectiva, quizá nadie podía esperar el alcance de la transformación de Brasil durante el mandato de Pedro II como emperador, que duró hasta 1889 y se conoce como el segundo reinado. Cuando ascendió al trono en 1840, el imperio de Pedro II, de catorce años de edad, atravesaba una grave crisis económica, altos niveles de desigualdad social y una rebelión continua en el sur. A lo largo de su reinado, Brasil emergió como la nación posiblemente más poderosa de Sudamérica, con una economía modernizada y un sistema social fundamentalmente transformado. Este período de 59 años trajo consigo una serie de desarrollos socioculturales que sentaron las bases de la vida brasileña durante el siglo XX. Lo más notable fue que los grupos sociales y políticos más destacados de Brasil, a pesar de sus muchas diferencias, se pusieron manos a la obra para resolver los problemas más acuciantes de Brasil y situaron a la nación en la senda del progreso a finales de siglo.

Los primeros años del reinado de Pedro II estuvieron marcados por las medidas «regresivas» iniciadas por los líderes conservadores antes de su llegada, que devolvieron un poder considerable a manos del monarca. Las élites políticas estaban en gran medida de acuerdo en que reforzar el poder del emperador era el primer paso hacia el progreso. Se devolvieron al emperador muchas de las competencias que le había conferido el Poder Moderador constitucional. Esto se equilibró con la implantación de un modelo parlamentario «inverso» en 1847, creando el cargo de presidente del Consejo de Ministros. El emperador elegiría al presidente, que actuaría esencialmente como jefe del Gobierno. Este cargo era algo así como el papel de un primer ministro en la mayoría de los sistemas parlamentarios. Según los cambios, el presidente del Consejo de Ministros elegiría a los ministros respectivos. El Consejo de Ministros ostentaba el poder ejecutivo, pero necesitaba la confianza tanto del emperador como de la Cámara de Diputados para funcionar.

Se trataba de una forma única de dividir las diferentes ramas del poder en Brasil, en la que el emperador gozaba de una posición privilegiada con su Poder Moderador, lo que hacía que el sistema brasileño no fuera plenamente «parlamentario» en el sentido moderno de la palabra. Curiosamente, este sistema hizo que la composición del gobierno se modificara constantemente y que el gabinete estuviera siempre compuesto por nuevos ministros. Esto dio lugar a más de treinta iteraciones diferentes del gobierno hasta 1889, y no se excluyó a los representantes de ninguno de los dos partidos políticos. La naturaleza rápidamente cambiante del gobierno brasileño permitió evitar frecuentes enfrentamientos sobre quién ostentaba realmente el poder. El sistema parecía equilibrado y se mantuvo en gran medida sin modificaciones.

Estos acontecimientos en la esfera política brasileña dieron lugar al afianzamiento de un sistema de partidos que se estabilizó en la década de 1870. Aún prevalecía la antigua división liberal-conservadora, aunque la nueva generación de políticos disfrutó de las ventajas de un sistema político más cohesionado en el que ambos partidos desarrollaron agendas y plataformas razonables. El emperador desempeñó el papel de árbitro neutral entre los dos bandos, que con razón se consideraban rivales.

El afianzamiento del sistema de partidos se manifestó en el pronunciado apoyo regional y social obtenido por los dos partidos a finales del segundo reinado. Los conservadores contaban con el apoyo mayoritario de los ricos terratenientes rurales y los comerciantes urbanos de las provincias de Pernambuco y Bahía, antiguos centros de la esfera política y económica brasileña. Abogaban por la protección de los intereses económicos regionales y por un gobierno central fuerte. Los liberales, por su parte, encontraron las principales bases de su apoyo en las provincias meridionales de São Paulo, Minas Gerais y Rio Grande do Sul.

Se introdujeron importantes mejoras en la estructura económica del país, incluidos cambios en los aranceles sobre las mercancías importadas. El arancel de Alves Branco, adoptado en 1844, aumentó enormemente los derechos de aduana sobre ciertos productos, algunos hasta el 30 % y otros hasta el 60 %. Miles de mercancías importadas se vieron afectadas, para consternación de los comerciantes extranjeros —principalmente los británicos, que mantenían en gran medida el monopolio en los mercados brasileños. El principal objetivo de la política era fomentar la producción nacional y los centros regionales locales de fabricación. En general, fue una medida acertada que, unida a otros cambios encaminados a la modernización, pretendía hacer a Brasil competitivo frente a las naciones occidentales en rápida industrialización del siglo XIX.

Mientras tanto, surgió un producto que definió la situación socioeconómica del Brasil de finales del siglo XIX: el café. Introducido en Brasil en la década de 1720 y plantado por primera vez en Río de Janeiro y sus alrededores en la década de 1760, el café se convirtió rápidamente en un pilar de la economía de exportación brasileña. El valle del Paraíba ofrecía un lugar excelente para cultivar café, convirtiéndose en un producto básico de la región, a pesar de las dificultades de su recolección. Dependiente de la mano de obra esclava, el crecimiento de la industria cafetera brasileña coincidió con la creciente demanda de café en los mercados europeos y norteamericanos. En 1890, el café representaba cerca del 60 % de la economía de exportación de Brasil.

Los plantadores de café acabaron acumulando un enorme poder en la sociedad brasileña, emergiendo como la «burguesía del café» y proporcionando la base para los posteriores desarrollos republicanos del país. La concentración de la producción de café en la región sur también tuvo como consecuencia la consolidación de esta parte de Brasil como centro socioeconómico del país. Poco después de la colonización, la región nordeste había sido la más importante porque era donde la producción de azúcar estaba más avanzada. Con el aumento de la preponderancia del café como principal producto de la economía brasileña, la parte sur del país arrebató definitivamente este título al noreste.

La cuestión de los esclavos cobró cada vez más importancia durante el segundo reinado. La esclavitud en sus diferentes formas había sido abolida en las sociedades europeas más avanzadas, que empezaban a abrazar los principios del liberalismo clásico. Gran Bretaña había sido una fuerza líder en el fin del comercio atlántico de esclavos, una práctica iniciada por los portugueses durante la época colonial, como recordará. Los británicos se otorgaron el derecho de inspeccionar cualquier barco en el Atlántico del que se sospechara que transportaba esclavos, lo que aceleró enormemente el fin del comercio de esclavos. A finales de la década de 1860, la última gran sociedad occidental —Estados Unidos— también había abolido la esclavitud.

En contraste con todos estos avances, la economía brasileña seguía dependiendo en gran medida de la esclavitud, y la mayoría de los esclavos trabajaban en las plantaciones de café del valle del Paraíba. Río de Janeiro también contaba con un número significativo de esclavos, que constituían aproximadamente el 40 % de la población.

Así, la cuestión de la esclavitud fue muy discutida entre los brasileños. Al convertirse el café en una parte central de la economía brasileña, muchos estaban en contra de la abolición de la esclavitud, que consideraban una amenaza económica. El emperador, por su parte, tenía tendencias abolicionistas. Había criticado públicamente la esclavitud en Brasil en varias ocasiones y era uno de los principales defensores de la reforma gradual en lugar de la abolición inmediata.

En 1850, la Cámara de Diputados adoptó y el Senado aprobó una ley que reconocía a los barcos que transportaban esclavos como participantes en la piratería. En ello influyó directamente una legislación británica similar, la Ley Aberdeen, que encarcelaba a los traficantes de esclavos en el Atlántico y los juzgaba en tribunales británicos. Las medidas adoptadas y la implicación británica más activa tuvieron como resultado el rápido declive y el final del tráfico de esclavos desde África hacia los puertos brasileños a finales de la década de 1850.

Una consecuencia lógica del fin de la trata de esclavos sería la abolición definitiva de esta práctica en Brasil. Una vez más, aunque todo el mundo (especialmente la élite política de ambos bandos) reconocía que la abolición era inevitable, había desacuerdos sobre cómo llevarla a cabo. La mayoría empezó a estar de acuerdo en que una abolición gradual era el camino a seguir. Un factor que desempeñó un papel decisivo en la decisión fue la inmigración de un gran número de europeos a Brasil a mediados del siglo XIX.

Los legisladores se dieron cuenta de que los inmigrantes que llegaban a Brasil en número creciente podían sustituir la mano de obra de los esclavos. Empezaron a trabajar en políticas para garantizar que los inmigrantes no se convirtieran ellos mismos en una clase económicamente dominante y compitieran con los terratenientes, que se verían privados de mano de obra esclava. Esto redundaba en beneficio del gobierno. Los ricos terratenientes eran, siendo realistas, la columna vertebral de la economía brasileña. Es cierto que la forma en que se habían enriquecido —dependiendo de la mano de obra esclava— era inmoral, pero había que hacer algo. La presión internacional iba en aumento y la opinión pública era consciente de las simpatías abolicionistas del emperador.

La Ley de Tierras, adoptada en 1850 poco después de la prohibición del comercio de esclavos, sirvió exactamente a este propósito. Su principal objetivo era legalizar las propiedades rurales de los terratenientes, la mayoría de los cuales habían adquirido tierras públicas mucho antes mediante subvenciones del gobierno. La ley obligaba a los terratenientes a registrar sus propiedades. Además, y lo que es más importante, la ley afirmaba que los inmigrantes no podían comprar tierras durante los tres años siguientes a su llegada a Brasil. Esto fue crucial para convencer a muchos de los terratenientes más ricos de que apoyaran la abolición. Como mínimo, sentó las bases para posteriores medidas abolicionistas.

El gobierno no quería que se detuvieran las tendencias económicas positivas que Brasil había experimentado en los últimos años. Miró a algunas de las naciones más desarrolladas en busca de inspiración y se fijó en un factor considerable que había impulsado la industrialización en lugares como Gran Bretaña y Estados Unidos. La respuesta obvia y fácil de aplicar residía en la modernización de las infraestructuras del país. La modernidad, en el siglo XIX, estaba asociada al ferrocarril, que facilitaba el transporte interregional e intrarregional de mercancías, mano de obra y militares. Así, se construyeron líneas ferroviarias por todo el país, que unían centros importantes como Recife con Salvador, en el noreste, y los puntos del interior de la producción cafetera del sur con Río de Janeiro. También se construyeron varias carreteras para mejorar el sistema general de transporte.

Muchos de los proyectos de infraestructuras fueron posibles gracias a las inversiones británicas, aunque un número significativo se financió con los ingresos obtenidos por el Estado a través del arancel de Alves Branco. Quizá el más importante de los primeros empresarios industriales de Brasil fue Irineu Evangelista de Souza, el vizconde de Mauá, cuyas inversiones contribuyeron al desarrollo de los sistemas infraestructurales y financieros del país.

Con grandes mejoras en la modernización y la industrialización, el gobierno tomó la decisión consciente de centrarse en atraer inmigrantes europeos como alternativa a los esclavos. Algo que explica esta decisión fueron los prejuicios de la mayoría de los brasileños blancos contra los esclavos africanos, influidos por las teorías darwinistas sociales del siglo XIX, que proporcionaban una justificación pseudocientífica al imperialismo europeo. Si se liberaba a los esclavos, los terratenientes no los considerarían como iguales y, como era el caso, continuaría la discriminación generalizada en sus entornos laborales.

Aun así, a principios de la década de 1850, algunos terratenientes habían experimentado con mano de obra inmigrante, como el senador Nicolau Vergueiro, que primero llevó a sus cafetales a agricultores inmigrantes suizos y alemanes. Sin embargo, los europeos recién llegados fueron objeto de explotación y de duras condiciones de trabajo, a las que no estaban acostumbrados en Europa. Pronto expresaron su descontento y abandonaron las fincas de Vergueiro.

No fue hasta la década de 1870 cuando el gobierno comenzó a fomentar activamente la inmigración de trabajadores extranjeros. Esto se debió a que la afluencia de nuevos esclavos procedentes de África se había detenido casi por completo y los esclavos que permanecían en las plantaciones envejecían rápidamente, lo que afectaba a la producción de café. El gobierno discutió las posibles políticas con los terratenientes y aprobó leyes que ayudaban a los extranjeros a integrarse mejor en Brasil, por ejemplo subvencionando su paso al país. São Paulo se convirtió en el centro de la inmigración europea, con más de 10.000 inmigrantes registrados que se trasladaron legalmente a la ciudad en 1880.

Muchos europeos seguían considerando que las condiciones que ofrecía Brasil eran muy difíciles de adaptar, y difundían noticias desfavorables de la situación en sus países de origen. El gobierno brasileño combatió esta situación publicando panfletos de propaganda en sociedades europeas como Italia y Alemania, que estaban experimentando cambios socioeconómicos masivos. En estos panfletos, se anunciaban las oportunidades de Brasil en contraste con otros destinos importantes para los inmigrantes, como Estados Unidos. Se dirigieron especialmente a los italianos, ya que el país había completado su unificación política en la década de 1870, acelerando la industrialización y pasando a una economía capitalista. Esto había dejado en desventaja a muchas de las clases más pobres, con más incentivos para buscar nuevas oportunidades en el extranjero.

Así, en la última década del Imperio brasileño, las cifras de inmigración comenzaron a aumentar drásticamente, alcanzando su punto álgido durante las primeras décadas del siglo XX. En 1888, São Paulo albergaba hasta 100.000 inmigrantes, la gran mayoría italianos.

Mientras tanto, los abolicionistas empezaron a cobrar importancia en los centros urbanos de Brasil, fundando diferentes grupos en los que discutían el futuro de la sociedad brasileña. Estos grupos difundieron panfletos y manifiestos por todo Brasil, convenciendo a gran parte de la población de que había que abandonar definitivamente la esclavitud.

Con la población esclava reduciéndose rápidamente a solo un 5 % de la población de Brasil a finales de la década de 1880, se reavivó el debate sobre la esclavitud. Para entonces, las políticas de atracción de inmigrantes también habían demostrado su éxito. Los legisladores brasileños empezaron a trabajar en el tema en la primavera de 1888. Estaban motivados por la princesa Isabel, hija de Pedro II, que pronunció un poderoso discurso en el que demostraba el atraso de la esclavitud y su incompatibilidad con la sociedad moderna a la que aspiraba Brasil. En mayo de 1888, se redactó un proyecto de ley sobre la abolición de la esclavitud, conocido como la Ley Áurea (Ley Dorada), que fue aprobado rápidamente con el apoyo abrumador de las dos cámaras del Congreso Nacional. Brasil se convirtió así en la última de las grandes colonias latinoamericanas en abolir la esclavitud, allanando el camino a la era republicana de la historia del país.

Además de la amplia transformación de los aspectos socioeconómicos de la vida brasileña, uno de los principales logros del reinado de Pedro II fue la reorganización del ejército. Se reformó la Guardia Nacional para que sus líderes fueran elegidos por el gobierno central y sus designados en las provincias, y se modificaron sus funciones para equilibrar la institución con el ejército imperial. Esta medida se adoptó en la primera mitad de la década de 1840, lo que permitió al ejército brasileño obtener una ventaja significativa contra los rebeldes del sur.

Como hemos mencionado, Pedro II había heredado una rebelión separatista en el sur, pero el gobierno imperial negoció con los rebeldes en 1845 en lugar de continuar el esfuerzo bélico. La autoproclamada República Riograndense se disolvió y volvió a unirse a Brasil a cambio de una amnistía para los rebeldes y una mayor autonomía provincial.

En 1848 —el año de las revoluciones liberales en toda Europa— Brasil vivió la rebelión de Praieira en Pernambuco, influida por las ideas republicanas y socialistas radicales de pensadores como Fourier. Los rebeldes causaron inestabilidad en Recife y sus alrededores, pero nunca acumularon suficiente apoyo como para suponer una amenaza para el reorganizado ejército brasileño. La rebelión se pacificó en gran medida poco después de estallar, pero algunos focos de combatientes rebeldes mantuvieron tácticas de guerrilla hasta 1850. La revuelta de Praieira marcó el final de las insurrecciones en Pernambuco, que históricamente había sido propenso a este tipo de movimientos. Durante el reinado de Pedro II no estallaron más revueltas importantes en el nordeste.

Por último, el reinado de Pedro II fue memorable por la exitosa participación de Brasil en una serie de conflictos por disputas entre las naciones sudamericanas recién independizadas. La región había sido bastante inestable desde principios del siglo XIX, y ya hemos mencionado algunos de los conflictos en los que tuvo que involucrarse el Imperio brasileño.

En 1851, el gobernador de Buenos Aires —Juan Manuel de Rosas— había acumulado demasiado poder en Argentina y puso sus ojos en la guerra civil uruguaya en curso. Rosas, tratando de explotar el caos y dominar los antiguos territorios del Virreinato español del Río de la Plata, apoyó al partido nacionalista Blanco. Una posible victoria de Rosas pondría en grave peligro los intereses de Brasil en la región y provocaría una mayor desestabilización, por lo que Pedro II decidió intervenir. Brasil proporcionó apoyo al Partido Colorado liberal uruguayo y entró en la guerra civil, ganando también el apoyo de las provincias argentinas que se habían disgustado con la autoridad de Rosas. Tras cinco meses de lucha, Brasil y sus aliados se impusieron, derrocando a Rosas. Los beligerantes volvieron al *statu quo*, que solo aumentó la influencia brasileña en el sur.

En agosto de 1864, cuando Uruguay estaba sumido de nuevo en una profunda agitación política, los representantes de Pedro II presentaron un ultimátum a las dos partes, ya que la guerra civil había puesto en peligro la seguridad de los indígenas brasileños que residían en Uruguay. El emperador brasileño había exigido un alto el fuego y amenazado con intervenir si se le negaba. Finalmente, el ejército imperial tuvo que intervenir de nuevo en favor del liberal Partido Colorado, aunque el gobierno de entonces nunca reconoció su implicación oficial en la guerra. En febrero de 1865, el Partido Blanco estaba desbordado debido a la presión ejercida sobre sus posesiones por las fuerzas brasileño-coloradas, capitulando finalmente y poniendo fin al conflicto. El breve conflicto fue otra gran victoria política para el Brasil de Pedro II, así como para el presidente argentino Bartolomé Mitre, que había expresado su apoyo al Partido Colorado.

Sin embargo, la guerra de Uruguay condujo indirectamente a otro conflicto: la mayor guerra entre estados de la historia de Sudamérica. El presidente nacionalista paraguayo Francisco Solano López había apoyado a la facción Blanco en Uruguay y quedó desolado tras su derrota a manos de Brasil. Motivado por designios imperialistas, había denunciado la implicación de Brasil en la guerra civil uruguaya en repetidas ocasiones a mediados de 1864 y había amenazado con actuar. La acción se materializó en noviembre, cuando las fuerzas brasileñas seguían ocupadas por la guerra en Uruguay. Las fuerzas paraguayas, que alcanzaban los 80.000 hombres, cruzaron a territorio brasileño, obligando a las fuerzas imperiales de Brasil a movilizarse contra una invasión.

Aunque la invasión paraguaya inicial fue repelida, el presidente López también ordenó una invasión de los territorios argentinos que habían sido disputados entre los dos países. Esto obligó esencialmente a Brasil y Argentina a firmar el Tratado de la Triple Alianza con su reciente aliado Uruguay en mayo de 1865. Las fuerzas combinadas de la alianza resultaron demasiado difíciles para los paraguayos, que ya estaban en apuros a finales de año. En 1866, el veterano marqués de Caxias, Lima e Silva de Brasil, asumió el mando, lo que se tradujo en una serie de victorias para las fuerzas aliadas, que tomaron el control de la capital de Paraguay, Asunción, a finales de 1868. El presidente López huyó de la ciudad, organizando sus fuerzas en bandas de guerrilleros. Resistió durante los dos años siguientes antes de su muerte durante la batalla de Cerro Cora en marzo de 1870.

Más que nada, la guerra tuvo un efecto devastador en Paraguay. No solo perdió todas sus reivindicaciones territoriales, sino que su población sufrió inmensamente las consecuencias del conflicto. Algunas estimaciones sitúan las bajas paraguayas en 200.000, entre civiles y soldados que murieron por causas asociadas a la guerra, como el hambre y las enfermedades. Las fuerzas brasileñas permanecieron en Paraguay hasta 1876, supervisando la creación de un gobierno favorable a Brasil en Asunción.

En última instancia, debido al éxito de Brasil en estas guerras Platinas durante la década de 1850 y hasta finales de la de 1860, la nación emergió como una fuerza dominante en Sudamérica y en el hemisferio occidental.

Sin embargo, la guerra trajo a primer plano muchos problemas que acabaron siendo molestos para Pedro II y su gobierno.

La muerte del Imperio

El reinado de Pedro II terminó abruptamente en noviembre de 1889, y con él llegó la disolución del Imperio de Brasil. Todo ocurrió rápidamente, con un golpe de Estado organizado por algunos de los militares de más alto rango de Brasil que obligó al emperador a abdicar. Pedro II accedió sin oponer resistencia. En la mañana del 16 de noviembre se proclamó la República de Brasil, con el exmariscal Deodoro da Fonseca como presidente interino del gobierno provisional hasta que pudiera adoptarse plenamente el nuevo sistema político.

Pero, ¿qué pretendían los que estaban detrás del golpe de Estado? ¿Por qué estaban descontentos con el gobierno de Pedro II?

Ya hemos mencionado algunas de las áreas clave en las que Brasil experimentó avances significativos durante el largo reinado de Pedro II. El emperador había logrado un cómodo equilibrio entre los principales partidos políticos del imperio y había establecido un sistema estable desde su acceso al poder cuando tenía catorce años. La economía de Brasil había crecido considerablemente, al igual que su población, que a finales de la década de 1880 rondaba los 14.000.000 de habitantes. La nación había hecho considerables esfuerzos por modernizarse, mejorando las redes de comunicación y las infraestructuras para conectar mejor sus vastas tierras. Geopolíticamente, Brasil había logrado eclipsar prácticamente a todas las naciones de Sudamérica, habiendo salido victorioso de los numerosos conflictos del sur. Con una afluencia de nuevos trabajadores en forma de inmigrantes extranjeros, el aumento de la urbanización y la normalización de las relaciones con las naciones europeas, parecía ciertamente en apariencia que el futuro del imperio estaba en buenas manos. De hecho, desde el final de la guerra del Paraguay, la economía brasileña había experimentado un cambio notable que favorecía a una nueva clase media emergente.

Sin embargo, las recientes reformas y la evolución sociopolítica habían dejado insatisfechos a muchos, por no mencionar otros factores que contribuyeron a los sentimientos adversos contra el emperador.

En primer lugar, los allegados al emperador notaron su creciente falta de entusiasmo por cumplir con sus obligaciones como emperador. El emperador, enfermo y con mala salud, no gozaba del favor de la nueva generación de políticos brasileños, que habían madurado durante la era del progreso de Brasil. La vieja generación, que había considerado a la institución del emperador como esencial para el Estado brasileño, estaba siendo sustituida poco a poco por nuevas caras críticas contra el emperador y su papel.

Además, Pedro II había vivido la muerte de dos de sus hijos y potenciales herederos. Esto había resultado especialmente difícil para el estado mental del emperador, que empezó a desfavorecer a su hija, Isabel, como posible sucesora al trono. Aunque el acceso de una mujer no era técnicamente imposible, el emperador Pedro creía que solo un hombre podía soportar una carga tan pesada como la de ser el emperador de Brasil. Esto lo llevó a adoptar una actitud pesimista, no pudiendo soportar más el escrutinio de algunos de sus principales rivales políticos.

Pedro II'

Fuerzas en las esferas social y política de Brasil aceleraron el declive del régimen de Pedro II. Uno de esos grupos eran los ricos terratenientes que habían quedado en gran parte descontentos con la abolición de la esclavitud. Tuvieron que adaptarse a las nuevas circunstancias y aumentar sus gastos, aunque sus ingresos seguían siendo muy elevados.

El régimen también se había peleado con la Iglesia católica, uno de los pilares del Estado brasileño y la religión oficial. Sin embargo, según la Constitución, la Iglesia funcionaba bajo la autoridad de Pedro II, no del papa del Vaticano. Esto significaba que todas las decisiones relativas a la organización o el funcionamiento de las actividades de la Iglesia debían pasar por el emperador antes de ser aplicadas en Brasil. Desde mediados de la década de 1870, varios obispos prominentes habían empezado a desafiar la autoridad imperial con la esperanza de conseguir más autonomía.

En el ejército existían sentimientos similares, ya que algunos de los oficiales de más alto rango creían que se los infravaloraba a pesar de sus éxitos en las muchas guerras de Brasil. Llevaban mucho tiempo expresando su deseo de una mayor autonomía en los asuntos del ejército, que también estaba estrictamente controlado por el gobierno. Los soldados rasos no recibían suficiente paga ni ascensos para seguir el ritmo de la economía del país, que se modernizaba rápidamente, y se sentían injustamente desfavorecidos.

Sin embargo, lo más importante es que los principales impulsores del golpe de Estado eran miembros del movimiento republicano. Durante el apogeo del imperialismo europeo, solo un puñado de naciones poderosas del mundo industrializado tenían sistemas democráticos o republicanos: Estados Unidos y Gran Bretaña eran los principales ejemplos. Brasil era la única monarquía que quedaba en América Latina, donde las antiguas colonias habían pasado todas a sistemas republicanos. Los liberales brasileños llevaban mucho tiempo activos en la política del país, apoyando una reorganización federalista de Brasil con más provincias autónomas.

La modernización y la urbanización habían incrementado los sentimientos liberales entre los ciudadanos, que empezaron a formar sociedades y clubes en los que abogaban por el establecimiento de una república brasileña. Consideraban anticuado un sistema monárquico con tanto poder e influencia y señalaron la cuestión de la esclavitud como un claro indicio de que era necesario cambiarlo. A ojos de los republicanos, Brasil había tardado demasiado en abolir la esclavitud y el proceso gradual había dejado insatisfechos a algunos de los grupos clave. La modernidad, para ellos, requería un sistema político adecuado en el que las diversas voces del público fueran justamente consideradas, no uno en el que ciertos individuos fueran claramente favorecidos sobre otros.

Los republicanos brasileños fueron los líderes de la campaña contra la monarquía, y a ellos se unieron otros grupos descontentos en 1889 para expresar sus preocupaciones, sobre todo los militares. Esta improbable alianza comenzó a preparar su conspiración contra Pedro II tras la aprobación de la Ley Áurea en 1888. Para sorpresa de muchos, los ricos terratenientes conservadores se unieron a la causa republicana contra la monarquía, que creían parcial contra ellos. Aunque recuperaron sus pérdidas poco después de la abolición de la esclavitud, seguían molestos con el emperador y deseaban vengarse.

El Consejo de Ministros intentó promulgar medidas durante 1889 para complacer a algunos de los grupos más descontentos, encabezados por su presidente liberal Afonso Celso de Assis Figueiredo, vizconde de Ouro Preto. Entre las reformas que esperaba aprobar figuraban el sufragio universal, una reorganización del Senado imperial y de la Guardia Nacional para complacer a los militares, así como más autonomía para las provincias brasileñas. Sin embargo, los legisladores se negaron a aceptar sus reformas, lo que contribuyó aún más a los movimientos contra el régimen en la nación.

El 15 de noviembre de 1889, los conspiradores republicanos, a los que se unieron cientos de soldados y oficiales militares, tomaron las calles de Río y organizaron un rápido golpe de Estado, arrestando al vizconde de Ouro Preto (presidente del Consejo de Ministros) y tomando el control del gobierno de la noche a la mañana. Estaban dirigidos por el mariscal Deodoro de Fonseca, un antiguo comandante del ejército imperial al que habían convencido para que se uniera a la insurrección días antes. Antes de dar el golpe de Estado, los conspiradores habían difundido rumores sobre una posible represión de los individuos del ejército con sentimientos republicanos, lo que provocó aún más el antagonismo de los soldados contra el emperador.

Mientras tanto, Pedro II decidió regresar inmediatamente de su residencia en Petrópolis, con la esperanza de estabilizar la situación. Había creído que los insurrectos exigían la sustitución del Consejo de Ministros existente, y pensó que podría pacificarlos si elegía un nuevo gabinete. Sin embargo, a su llegada, de Fonseca y otros informaron al emperador que su intención era acabar con la monarquía. Subrayaron, empero, que querían evitar un choque violento contra las fuerzas leales al imperio. Al conocer la noticia, Pedro II decidió no resistirse, aceptando abdicar y exiliarse a Europa para evitar un mayor caos en el país. Había comenzado una nueva era en la historia de Brasil.

Capítulo cinco - Las luchas de la República brasileña

República Velha

El general Deodoro da Fonseca se convirtió así en el primer presidente del recién establecido régimen republicano en Brasil, dando paso a unos cuarenta años comúnmente conocidos como la *República Velha*, o «República Vieja». Durante estos años, Brasil se convirtió en una democracia constitucional con un presidente elegido, navegando a través de las primeras décadas del volátil siglo XX. Como suele ocurrir, el país experimentó algunos de los desafíos más acuciantes durante esta época, culminando con una revolución que derrocó al gobierno en 1830. En este capítulo, examinaremos algunos de los principales acontecimientos que tuvieron lugar durante la Primera República Brasileña.

General Deodoro da Fonseca (1889) [8]

La resistencia a la nueva situación política se materializó ya en las primeras semanas tras la proclamación de la república en noviembre de 1889. En los días siguientes se produjeron varios levantamientos a pequeña escala en el ejército, con batallones monárquicos sublevados contra Fonseca. Estallaron rebeliones por todo el país, incluso en Río de Janeiro. Los rebeldes exigían en su mayoría la restauración del emperador, aunque sus movimientos estaban muy desorganizados y no consiguieron nada importante.

A finales de 1890, el nuevo régimen había conseguido apaciguar estos levantamientos, mientras los políticos a cargo del gobierno provisional empezaban a construir un nuevo orden en lugar del impuesto por Pedro II. Así llegó la primera constitución republicana en febrero de 1891, que declaró oficialmente a Brasil una democracia constitucional.

Inspirada en el federalismo estadounidense y suizo, la Constitución de 1891 pretendía descentralizar el poder, aboliendo por completo el Poder Moderador. En primer lugar, el país pasó a llamarse República de los Estados Unidos de Brasil. Las antiguas provincias pasaron a llamarse «estados» y sus poderes y competencias aumentaron considerablemente. Se mantuvo el Congreso Nacional (formado por la Cámara de Diputados y el Senado), aunque los senadores ya no eran elegidos de por vida; sus mandatos se fijaron en nueve años.

La rama ejecutiva del gobierno estaba encabezada por un presidente, que servía durante cuatro años junto a un vicepresidente, que también actuaba como presidente del Senado. Ambos no podían ser reelegidos inmediatamente después de un mandato. Serían elegidos mediante un sistema de votación directa, y se exigiría a los votantes que aportaran sus firmas en las papeletas. También se suprimió el antiguo voto censitario, que se había basado en los ingresos de los votantes, y se cambió la edad para votar a veintiún años. Sin embargo, las mujeres, los miembros del clero, los soldados y los «analfabetos y mendigos» quedaron excluidos del voto.

Por último, el Estado y la Iglesia católica estaban separados el uno del otro, y el Estado no podría intervenir en los asuntos de la institución religiosa.

¿Qué significaron estos cambios constitucionales para Brasil? Significó que, a pesar de todas sus pretensiones, el nuevo sistema era una de las democracias constitucionales más antidemocráticas del mundo en aquel momento. Los principales problemas fueron las restrictivas condiciones de voto y el mecanismo de voto no secreto, que dieron lugar a una serie de elecciones esencialmente amañadas. En lo que se conoció como *coronelismo*, o el gobierno de los coroneles, los oligarcas de São Paulo, Minas Gerais y Río de Janeiro ejercieron una gran influencia sobre los votantes registrados empleados en sus plantaciones, manipulando los votos a su favor.

El resultado fue que el país fue gobernado sucesivamente por gobiernos formados por el Partido Republicano Paulista (PRP) local y el Partido Republicano Meneiro (Minas Gerais) (PRM). Esto puso de manifiesto el principal problema del movimiento republicano en Brasil: no había sido un movimiento popular generalizado. Las élites que estaban detrás del golpe de Estado de 1889 no podían arriesgarse a celebrar elecciones abiertas, quizá creyendo que los votantes de la nación los desfavorecerían.

Los escollos del régimen establecido en Brasil empezaron a mostrarse uno a uno. Poco después de la aprobación de la nueva Constitución, el país volvió a sumirse en una crisis económica. El presidente da Fonseca provocó una indignación masiva cuando quiso disolver el Congreso Nacional para hacer frente a la situación, lo que provocó una revuelta naval en Río de Janeiro organizada por uno de los almirantes de la Marina brasileña. En noviembre, temiendo una escalada que pudiera cobrarse vidas inocentes, Deodoro da Fonseca dimitió. El entonces vicepresidente Floriano Peixoto le sucedió en el cargo. El propio Peixoto había sido un experimentado veterano del ejército y tenía una mentalidad similar a la de su predecesor, con la esperanza de aumentar tanto sus propios poderes como el papel de los militares en los asuntos de la nación.

El nuevo presidente presidió algunos de los años más volátiles de la Vieja República, obligado a hacer frente a la crisis financiera provocada por el desarrollo no regulado del sector financiero brasileño desde mediados del siglo XIX. Su incapacidad para hacer frente a los problemas causados por el colapso de la economía, incluidos los altos niveles de inflación, provocó el estallido de otra revuelta naval en marzo de 1893. Esta vez, la revuelta se convirtió en un conflicto entre las fuerzas leales al gobierno y los rebeldes. Terminó con la victoria de Peixoto al año siguiente, después de que este autorizara la compra de buques de guerra extranjeros con fondos estatales.

Todo esto se sumó para provocar otra revuelta: la Revolución federalista, que se inició en febrero de 1893. Este movimiento no era ideológicamente homogéneo, pues estaba formado no solo por republicanos radicales y defensores del federalismo descontentos con el sistema político adoptado, sino también por monárquicos que pretendían restaurar el imperio. Algunos de los rebeldes también estaban motivados para sublevarse contra el poderoso gobernador de Rio Grande do Sul, Júlio de Castilhos, quien creían que abusaba de sus poderes. Los rebeldes fueron finalmente pacificados en 1895, tras unir sus fuerzas a las de los amotinados navales, que también fueron derrotados por las fuerzas gubernamentales. En total, sus enfrentamientos con el ejército brasileño causaron unas 10.000 bajas, desestabilizando aún más el sur de la nación.

Solo en marzo de 1894 se celebraron las primeras elecciones presidenciales en Brasil, que dieron como resultado la elección de Prudente de Morais, el primer presidente del país que no procedía de un entorno militar. Abogado y político experimentado, de Morais había sido gobernador de São Paulo. Fue el primero de los sucesivos presidentes «cafeteros» de Minas Gerais, que dominaron la política brasileña hasta 1930.

El presidente Morais reforzó aún más la concentración de poder en manos de la élite rica del sur. La mayoría de ellos eran plantadores de café, y las exportaciones del grano alcanzaron máximos históricos en la historia de la economía brasileña. Esto completó el desplazamiento definitivo del centro sociopolítico de Brasil del norte al sur, pero trajo graves consecuencias. Brasil se volvió excesivamente dependiente del café como principal producto de exportación, y su espectro agrícola casi ignoró otras plantas que podían cultivarse. Esto significó que Brasil tuvo que importar la mayoría de sus alimentos de sus vecinos o del extranjero. Con el tiempo, cuando el precio del café bajó en el mercado internacional, también lo hizo la situación económica de los plantadores de café brasileños. Los plantadores presionaron al gobierno para que inflara artificialmente los precios internacionales del café, comprándolo en el mercado. Esta práctica comenzó en 1906 y duró varios años, pero pronto el gobierno se dio cuenta de que no podía ser sostenible a largo plazo, y sus efectos negativos comenzaron a mostrarse en la economía brasileña.

Caída de la Vieja República

El dominio de Minas Gerais y São Paulo en la política brasileña hizo que los dos partidos republicanos regionales ganaran constantemente las elecciones. Los partidos desarrollaron un entendimiento mutuo que les proporcionó una enorme ventaja política comparativa sobre sus rivales del norte o del noreste, incapaces de amasar los mismos recursos para disputar las elecciones. Este periodo de supremacía política del sur llegó a denominarse política del *café con* leche o «*café com leite*», en referencia a las dos industrias más importantes de las regiones: el café para São Paulo y los lácteos para Minas Gerais. El sobrenombre también proviene del hecho de que las dos regiones cooperaron durante décadas para impulsar sus agendas en la esfera política nacional, descuidando en gran medida los problemas a los que se enfrentaban otras regiones de Brasil. La vitalidad socioeconómica y política del sur, especialmente de São Paulo, quedó así finalmente cimentada a expensas del norte.

A pesar de la eventual caída en picado de los precios del café a principios del siglo XX y de la desorganización de la economía brasileña, el número de inmigrantes que llegaban al país no hizo más que aumentar, contribuyendo al crecimiento de centros urbanos como São Paulo. La ciudad pronto empezó a eclipsar a Río de Janeiro en casi todos los aspectos. En 1910, la población de la ciudad había aumentado a unas 400.000 personas, diez veces más que las cerca de 40.000 de 1885. Santos, una ciudad portuaria cercana, atrajo un tráfico cada vez mayor como principal ruta de exportación desde São Paulo, lo que provocó su enriquecimiento. En el norte, el descubrimiento del caucho en el estado de Amazonas contribuyó también al desarrollo y la urbanización de la región, convirtiéndose la ciudad de Manaos en un nuevo centro.

La rápida urbanización también trajo sus propios problemas. Por ejemplo, Río de Janeiro sufría problemas sanitarios y de salubridad, lo que provocaba brotes regulares de enfermedades como la viruela y la fiebre amarilla. Cuando las autoridades empezaron a introducir cambios en el diseño urbano de la ciudad e intentaron combatir la mala situación sanitaria de Río haciendo obligatoria la vacunación en otoño de 1904, gran parte de la población se indignó. Los soldados locales, que también estaban descontentos con el nuevo régimen republicano, intentaron movilizar a las masas en una breve rebelión en noviembre, conocida como la Revuelta de la vacuna, que fue rápidamente reprimida por las tropas gubernamentales.

El sistema político seudodemocrático implantado en la década de 1890 empezó a mostrar grietas en la segunda década del siglo XX. El sistema federalista descentralizado había dado lugar a una economía nacional poco integrada en la que había claros ganadores y perdedores. La urbanización, dondequiera que se produjera, había transcurrido sin la aparición de una clase media prominente que tomara parte activa en la esfera sociopolítica de Brasil. Los estados independientes con industrias propias exportaban sus productos a los mercados extranjeros y descuidaban en gran medida el mercado nacional. Esto contribuyó al crecimiento de las rivalidades regionales y aceleró aún más el desarrollo del sur, más rentable.

La conexión entre los vastos territorios de la nación debería haber sido proporcionada por una extensa red de carreteras y ferrocarriles, pero esto se consideró costoso y no fue favorecido por los inversores potenciales. La falta de sistemas de comunicación avanzados, como el telégrafo en las zonas remotas, hacía que la información pudiera tardar varias semanas en transmitirse de un lugar a otro. Los ricos terratenientes oligarcas, que habían concentrado en sus manos la mayor parte de la riqueza de la nación, no estaban interesados en integrar mejor las distintas provincias brasileñas para mantener su *statu quo*.

La economía brasileña también se había vuelto demasiado dependiente de la producción agrícola especializada y casi había descuidado la industrialización, fuera de ciertas reformas durante el reinado de Pedro II. Esto era en parte un legado por haber sido la última nación americana en abolir la esclavitud. Sin el protagonismo de las manufacturas locales, el país dependía de la importación de productos manufacturados de los mercados europeos y norteamericanos. Esto contribuyó a la falta de desarrollo tecnológico en las industrias brasileñas, así como en la agricultura, lo que disminuyó la productividad.

Lo que provocó la aparición de movimientos sociales y políticos que acabaron por poner fin al régimen oligárquico de la Vieja República fue la Primera Guerra Mundial. El estallido de la guerra en 1914 modificó las prioridades de las naciones europeas, sobre todo de Gran Bretaña, frenando la exportación de sus productos manufacturados a los mercados extranjeros.

La guerra, la más mortífera de la historia de la humanidad hasta ese momento, no solo ejerció una gran presión sobre las economías de los beligerantes, sino que también afectó indirectamente a la situación en otros lugares. Brasil experimentó otra grave crisis e inflación causada por la caída de la demanda y los precios del café en todo el mundo y los esfuerzos del gobierno por subvencionar a los productores locales.

Con la caída en picado de la producción de café, los que habían trabajado para los plantadores empezaron a unirse a las clases medias y trabajadoras urbanas, lo que dio lugar a un sorprendente aumento de la producción nacional de bienes manufacturados. Las fábricas brasileñas producían bienes más baratos en el mercado nacional, y el flujo interno de capital comenzó por fin a aumentar mientras los oligarcas del café luchaban por mantener su dominio. La interrupción de la importación de productos alimenticios también creó una demanda de diversificación de la agricultura brasileña, aunque el café y el azúcar nunca fueron desbancados como principales bienes de exportación.

Con la afluencia de inmigrantes extranjeros procedentes de Europa durante y después de los años de la guerra, las ideologías políticas prominentes de la época —sobre todo el anarquismo y el socialismo— estaban en auge. La insatisfacción generalizada con la situación socioeconómica y política del país era cada vez mayor. La gente empezó a darse cuenta de que el *statu quo* solo favorecía a un puñado de individuos, mientras que el gran potencial del país no era aprovechado por el gobierno, que estaba dominado por los intereses de los oligarcas.

La emergente clase media urbana formó una vaga alianza con los trabajadores de las fábricas, los industriales y las personas empleadas en el sector público, abogando por reformas tras la Primera Guerra Mundial. Sus demandas iban desde la implantación del sufragio universal hasta la reforma del sistema educativo, la industrialización de la nación y la mejora de las condiciones de los trabajadores.

Algunos oficiales del ejército compartían los sentimientos antigubernamentales y, juntos, estos grupos formaron una coalición para las elecciones presidenciales de 1922. A pesar de sus esfuerzos, perdieron y el PRM mantuvo el *statu quo* oligárquico. El decepcionante resultado fue objeto de una protesta en Río, donde algunos militares lanzaron una rebelión sin éxito.

Esto inició una lucha de ocho años entre el gobierno y sus partidarios oligárquicos del sur y los disidentes que criticaban al régimen, dirigidos por oficiales militares subalternos: los *tenentes*. Sin embargo, los *tenentes* no renunciaron a sus esperanzas de obligar al gobierno a aprobar reformas nacionales que tuvieran en cuenta los intereses de la mayoría de la población. Durante los años siguientes, fueron una espina clavada en el costado del gobierno, organizando pequeñas rebeliones por todo el país. Sus esfuerzos de resistencia aumentaron los sentimientos nacionalistas entre la población, que empezó a movilizarse cada vez más contra el gobierno.

La era Vargas

El 29 de octubre de 1929, con el desplome de la bolsa de Estados Unidos, Brasil se sumió en la Gran Depresión. Los precios del café volvieron a caer en picado en el mercado internacional mientras las distintas naciones trataban de combatir la inflación y el desempleo provocados por la crisis financiera. El gobierno de Brasil, como antes, intentó manipular artificialmente los precios del café para garantizar un flujo fiable de ingresos a los cafeteros, que se habían vuelto cada vez más dependientes de las políticas intervencionistas de los políticos favorables. Sin embargo, como suele ocurrir en una crisis económica, las clases medias y bajas fueron las más afectadas, lo que aumentó su descontento y elevó las tensiones a nuevos niveles antes de las elecciones presidenciales de 1930.

En 1929 se formó una alianza heterogénea de clases medias y trabajadoras, *tenentes*, industriales y socialistas. Nombró a Getúlio Vargas como su representante frente al candidato paulista Julio Prestes para las elecciones de 1930.

El propio Vargas procedía de una familia de terratenientes de Rio Grande do Sul, lo que hizo que se ganara un nombre entre los actores políticos de la década de 1920. Reconocía los problemas fundamentales a los que se enfrentaba Brasil, y su plataforma incluía promesas sobre la industrialización, la nacionalización de los recursos del país, la ampliación del derecho de voto y la reforma del sistema federalista.

A lo largo de los años, había acumulado suficiente influencia política de los grupos descontentos dentro del país para emerger como un líder esencialmente populista, afirmando que la «gente real» había sido desfavorecida por un grupo de élite corrupta, algo que resonó profundamente en la opinión pública.

Para las elecciones de 1930, había elegido estratégicamente como compañero de fórmula a João Pessoa, de la región nororiental de Paraíba, aprovechando la larga rivalidad regional de Brasil. Mientras hacía una amplia campaña antes de las elecciones, había grandes esperanzas de

Getulio Vargas [9]

que se pusiera fin de una vez por todas al dominio político de la élite cafetera del sur.

Las elecciones de 1930, como la mayoría de las anteriores en Brasil, estuvieron plagadas de corrupción a gran escala y fraude, y acabaron con la victoria de Julio Prestes con el 57 % de los votos. Vargas solo había salido victorioso en Rio Grande do Sul (con más del 99 % de los votos), Minas Gerais y Paraíba, acumulando un total de más de 700.000 votos. Él y su coalición se negaron a aceptar los resultados de las elecciones, lo que contribuyó al aumento de las tensiones en el interior del país.

En junio de 1930, Joao Pessoa fue asesinado en Recife, lo que desencadenó masiva protestas e inestabilidad en el nordeste que tuvieron que ser frenadas por las fuerzas gubernamentales. Vargas, habiendo construido una extensa red de contactos en el ejército que simpatizaban con su plataforma, comenzó a planear una conspiración para tomar el poder. Los conspiradores idearon planes detallados para apoderarse de varios de los lugares más importantes del país, iniciando sus acciones a principios de octubre del mismo año, antes de que Prestes pudiera entrar en funciones y comenzar sus tareas.

Las fuerzas revolucionarias actuaron con rapidez y decisión, imponiéndose a mediados de mes, y Vargas demostró públicamente sus intenciones. Para el 24 de octubre, el presidente Washington Luis había sido derrocado y se estableció una junta militar en Río para supervisar la cesión del poder. Con la revolución de 1830, la Vieja República llegó a su fin y comenzó la era de Vargas.

A partir de noviembre de 1930, Getúlio Vargas ejerció un control total sobre los asuntos políticos de Brasil. Las primeras decisiones tomadas por él y sus partidarios tenían como objetivo privar de influencia a sus rivales políticos y centralizar el poder en manos del presidente. El problema evidente de Vargas y de la amplia alianza que había apoyado su ascenso al poder había sido la falta de un programa cohesionado, algo necesario si el nuevo presidente deseaba sacar al país de la recesión provocada por la Gran Depresión. En parte para darse tiempo para consolidar su posición, Vargas derogó la Constitución de 1891, disolvió los principales órganos legislativos del país y asumió la dirección de un «gobierno provisional» antes de que se promulgara una nueva constitución en 1934.

Para hacer frente a las terribles circunstancias económicas del país, Vargas adoptó una serie de políticas intervencionistas que concedían exenciones fiscales a determinados grupos, imponían cuotas de importación a los productos extranjeros y fomentaban la expansión del sector industrial nacional. Estas políticas, una vez más, no seguían una agenda económica o ideológica sólida. En cambio, fueron principalmente esfuerzos inmediatos para consolidar el apoyo de las clases medias en ascenso.

Cabe destacar que Vargas vinculó sus políticas intervencionistas estatales y la necesidad de industrializar con el nacionalismo, criticando públicamente la influencia de los actores extranjeros en Brasil. El principal grupo de interés al que Vargas favoreció fueron los terratenientes del noreste, que habían constituido una fuerza significativa en la coalición que respaldaba al nuevo presidente. Para devolverles su apoyo y arremeter contra la influencia de los oligarcas cafeteros del sur, Vargas promovió la diversificación de la agricultura del país en el noreste, reafirmando su influencia sobre la mano de obra. Esto iba en contra de algunas de las promesas más socialistas de la plataforma de Vargas. Los trabajadores rurales se vieron más desfavorecidos, lo que alimentó el auge de los sentimientos izquierdistas contra el nuevo gobernante.

Así pues, pronto se hizo evidente que Vargas seguiría favoreciendo a sus partidarios con sus medidas socioeconómicas y aumentando su poder político mediante la centralización. Esto provocó varias revueltas contra el nuevo régimen, la mayoría de las cuales fueron rápidamente reprimidas por las tropas leales locales. El ejército bajo Vargas tampoco tuvo miedo de utilizar la fuerza contra una oleada de protestas estudiantiles y de izquierdas. En el verano de 1932, los insatisfechos oligarcas cafeteros del sur lanzaron la Revolución Constitucionalista para intentar desalojar a Vargas del poder, con un resultado de hasta 5.000 bajas. La revuelta se desencadenó después de que las fuerzas gubernamentales hubieran asesinado a cuatro activistas estudiantiles en mayo, pero los rebeldes no pudieron reunir el apoyo suficiente para desafiar seriamente al régimen de Vargas.

El intento de revolución hizo que Vargas se diera cuenta de que no podía avanzar más hacia sus objetivos de centralización sin atender a los plantadores de café. Por esta razón, empezó a apelar cada vez más a sus intereses, perdonando sus deudas y colocando a funcionarios favorecidos en puestos de poder en São Paulo y Minas Gerais. Expresó cada vez más sentimientos nacionalistas antizquierdistas, olvidando que había llegado al poder esencialmente a través de una plataforma para acabar con el dominio de las élites terratenientes.

La ambigüedad de sus posturas y la falta de cohesión que suele caracterizar las acciones de los líderes populistas se manifestaron en la Constitución de 1934, adoptada tras un extenso trabajo de la Asamblea Nacional Constituyente. Los mayores cambios políticos incluyeron la implantación del voto secreto y la extensión del sufragio a las mujeres. También concedió amplios derechos al gobierno para regular la economía. Se nacionalizaron los recursos brasileños y se estableció un sistema corporativista que promovía la cooperación entre los mayores grupos de interés del país (no solo las corporaciones empresariales).

El régimen de Vargas mostraba un gran parecido con algunos de los regímenes ultranacionalistas y fascistas que ganaban protagonismo en la Europa contemporánea, es decir, los de Benito Mussolini en Italia y Adolf Hitler en Alemania. Vargas empezó a adoptar una retórica cada vez más fascista tras el levantamiento comunista de noviembre de 1935 en Recife y Río, que fue rápidamente reprimido por las fuerzas gubernamentales. El presidente empezó a culpar a los grupos de izquierda de sus continuos esfuerzos por desestabilizar el Estado brasileño. El levantamiento había proporcionado esencialmente a Vargas un nuevo chivo expiatorio.

Sabiendo que no podría ser reelegido en 1938, se dirigió a la nación en noviembre de 1937 con un discurso radiofónico en el que informó al país de un complot comunista para derrocar al gobierno. Según él, grupos radicales de izquierda habían ideado el «Plan Cohen» con el que querían establecer una dictadura comunista en el país. Sin embargo, tal conspiración no existía. El presidente se la había inventado para justificar algunas de las medidas que tomaría a continuación, aparentemente para defender al país de los revolucionarios. Así, tras su discurso, Vargas declaró el estado de emergencia y a disolver el Congreso. Rápidamente anunció una nueva constitución que otorgaba al presidente poderes prácticamente ilimitados y contenía una retórica anticomunista y nacionalista.

Así comenzó una nueva era en la historia de Brasil denominada *Estado Novo*, o el «Nuevo Estado», también conocido como la Tercera República Brasileña. Durante los ocho años siguientes, Vargas actuó esencialmente como dictador del país, justificando su permanencia en el poder mediante la búsqueda de chivos expiatorios entre los grupos de izquierda y la represión de quien se atreviera a expresar su oposición. Brasil se convirtió en un estado policial, con el ejército como principal aliado de Vargas para mantener el régimen.

Opositores políticos y de la sociedad civil, críticos con el régimen, sospechosos de disidencia y activistas fueron encarcelados y juzgados en tribunales creados por el régimen para perseguir sus propios fines. Todos los partidos políticos fueron disueltos por decreto presidencial, incluido el fascista Partido Integralista, que hasta entonces había sido el principal aliado político de Vargas contra los comunistas. Se establecieron leyes de censura que el régimen hizo cumplir. Se tomaron medidas económicas para impulsar la industrialización y sofocar cualquier sentimiento de descontento que la opinión pública pudiera tener contra el dictador. Se crearon empresas estatales para controlar mejor los recursos brasileños.

Con el estallido de la Segunda Guerra Mundial, Vargas justificó su permanencia en el poder basándose en la tensa situación internacional. Brasil fue formalmente neutral al principio, aunque los esfuerzos de Vargas por estrechar lazos con Estados Unidos hicieron que el país proporcionara valiosos materiales de guerra a los Aliados, como caucho y hierro. La industria del caucho, basada en la cuenca del Amazonas, estaba especialmente desarrollada, ya que las potencias del Eje se habían hecho con las mayores reservas de caucho del sudeste asiático.

Solo en 1942, después de que sus buques mercantes fueran hundidos por submarinos alemanes, Brasil se unió a la guerra en el bando de los Aliados. La Fuerza Expedicionaria Brasileña fue enviada a Europa, logrando un gran prestigio para los brasileños, a pesar de su falta de entrenamiento y equipamiento adecuado en comparación con otras naciones aliadas. A su vez, Estados Unidos concedió a Brasil concesiones de arrendamiento de tierras y apoyo aéreo durante toda la guerra, lo que ayudó a Vargas a mantener su posición hasta 1945.

La Cuarta República brasileña

Irónicamente, el éxito de la Fuerza Expedicionaria Brasileña (FEB) fue uno de los factores del declive de la autoridad de Vargas a finales de 1945. Con la disminución de las tensiones internacionales y el fin de la guerra, comenzó a aumentar la presión contra Vargas desde el interior del país. Los soldados de la FEB que regresaban fueron puestos bajo vigilancia por el gobierno, ya que temía que pudieran surgir como líderes de un movimiento popular contra Vargas.

Estos temores se materializaron en otro golpe de Estado militar no violento a finales de octubre de 1945, que consiguió deponer a Vargas y poner fin al Estado Novo. Dirigido por varios oficiales del ejército, el golpe de Estado siguió al amaño de las elecciones presidenciales el 2 de diciembre del mismo año. Crucialmente, Vargas había anunciado planes para redactar una nueva constitución y había declarado su intención de presentarse. De hecho, esta podría haber sido la razón por la que deseaba cambiar la constitución, ya que las iteraciones anteriores no permitían al presidente en funciones presentarse inmediatamente para un segundo mandato. Con la presión de la opinión pública en aumento y muchos sintiéndose amenazados por la idea de que Vargas pudiera permanecer en el poder, se organizó el golpe de Estado del 29 de octubre. Vargas se vio obligado a dimitir, aunque el exdictador siguió activo en la política brasileña.

En las elecciones celebradas en diciembre del mismo año, Eurico Dutra, ministro de Guerra durante el régimen de Vargas, salió victorioso con cerca del 55 % del voto popular. Pertenecía al mismo Partido Socialdemócrata de centro-derecha fundado por Vargas (el otro era el Partido Laborista Brasileño) y había derrotado a los candidatos de la conservadora Unión Democrática Nacional y del Partido Comunista Brasileño.

Al año siguiente se estableció una nueva constitución, que marcó el retorno del país al régimen democrático y el comienzo de la Cuarta República brasileña. La constitución derogaba las medidas autoritarias de 1937 y pretendía restringir los poderes del presidente para evitar el surgimiento de otro Vargas. Los mandatos presidenciales se fijaron en cinco años en lugar de cuatro y se concedió mayor autonomía a los estados brasileños. En conjunto, la presidencia de Eurico Dutra marcó cinco años relativamente pacíficos y estables. Durante este tiempo, el gobierno forjó relaciones más estrechas con Estados Unidos e invirtió modestamente en sectores clave de la economía brasileña.

Curiosamente, a pesar de su destitución, Getúlio Vargas seguía manteniendo un alto nivel de popularidad entre cierta base de partidarios. Consiguió convertirse en senador acumulando el apoyo popular de Rio Grande do Sul y São Paulo y ejerció durante la presidencia de Dutra. Aún más importante, las elecciones de 1950 marcarían el regreso de Vargas como candidato presidencial de su populista Partido Laborista Brasileño y, finalmente, su victoria en las elecciones con el 48 % de los votos nacionales.

Vargas fue investido para su segundo mandato en enero de 1951, y su vuelta a la presidencia marcó uno de los periodos más desconcertantes de la Cuarta República. Vargas había derrotado técnicamente a sus oponentes durante las elecciones, aunque el número de votos que él y su partido habían recibido no era suficiente para devolverlo a la posición que había disfrutado en la década de 1930. El partido no tenía mayoría en el Congreso Nacional, y los reducidos poderes del presidente esbozados en la nueva constitución significaban que Vargas no tenía rienda suelta sobre las políticas adoptadas durante su segundo mandato. Aun así, el presidente electo se apoyó en la retórica populista para avivar los sentimientos nacionalistas de la opinión pública brasileña y consiguió reincorporar a algunos de sus antiguos aliados políticos a puestos de poder.

La economía brasileña seguía luchando por seguir el ritmo de la modernización y el gobierno se debatía entre adoptar una postura neoliberal o intervencionista. Algunas de las medidas adoptadas durante la segunda presidencia de Vargas incluyeron la duplicación del salario mínimo, una política radical que solo contribuyó al aumento de la inflación. El gasto público seguía siendo demasiado elevado, lo que provocó déficits presupuestarios y un aumento de la deuda nacional. Quizá la decisión más importante del gobierno fue la creación de una compañía petrolera nacional, Petrobras, para explotar mejor las reservas de petróleo del país.

Mientras tanto, los principales opositores de Vargas seguían expresando su preocupación por su regreso a la presidencia. Esta vez, gracias a la existencia de una prensa libre y de libertad de expresión —dos cosas de las que no disponían los críticos durante la dictadura de Vargas— su desaprobación del gobierno alcanzó nuevas cotas. Los miembros de la administración de Vargas fueron cada vez más criticados, y algunos fueron destituidos en 1954.

Al principal partido de la oposición anti-Vargas —la Unión Democrática Nacional— se unieron algunos miembros del ejército en sus comentarios críticos contra el presidente. Esto creó la sensación de que se estaba gestando otra conspiración, presionando aún más a Vargas.

A principios de agosto de 1954, hubo un intento de asesinato de un periodista de la oposición y crítico declarado de Vargas, Carlos Lacerda. Las amenazas contra Lacerda, que había iniciado una campaña para presentarse como candidato a la Cámara de Diputados, lo obligaron a contratar a un grupo de guardaespaldas. Finalmente, sobrevivió al ataque, pero uno de sus guardaespaldas (un antiguo oficial de las fuerzas aéreas) resultó muerto y otro herido. La noticia del intento de asesinato saltó pronto a los titulares nacionales y, tras una investigación, uno de los guardias personales de Vargas, Gregório Fortunato, fue identificado como el hombre que había ordenado el asesinato.

Esto desencadenó otra oleada de protestas públicas contra Vargas y su administración, que fue acusada de corrupción muy extendida. A la opinión pública se unieron miembros del ejército, que expresaron su deseo de que Vargas dimitiera. Tras el escándalo, el presidente Vargas se suicidó en el palacio presidencial el 24 de agosto, temiendo que fuera inminente un golpe de Estado militar contra él. Dejó una carta en la que afirmaba que lo había hecho todo por Brasil.

Tras un periodo de interinidad en el que tres personas diferentes fueron elegidas para desempeñar las funciones de presidente, el ex gobernador de Minas Gerais, Juscelino Kubitschek de Oliveira, se alzó con la victoria en las elecciones presidenciales celebradas en octubre de 1955. Su ascenso marcó el principio del fin de la Cuarta República brasileña, que duró hasta 1964.

Kubitschek, que llegó a la presidencia con algo más de un tercio del total de votos, fue una de las figuras más ambiciosas de la historia del Brasil del siglo XX. Su programa «Cincuenta años en cinco» era un extenso plan para impulsar reformas en una amplia gama de aspectos sociales, económicos y políticos de la vida brasileña. Incluía cambios propuestos en campos tan importantes como las infraestructuras del país, los sistemas de comunicación y transporte, el sector energético y la educación. En resumen, quería industrializar rápidamente el país, y sus políticas fueron un testimonio de sus intenciones. El gobierno tomó las riendas y empezó a invertir en industrias como la producción de energía hidroeléctrica y la minería de hierro y carbón, y amplió su control sobre la industria petrolera.

Quizá el legado más evidente de la administración de Kubitschek fue la construcción de una nueva capital —Brasilia— que fue diseñada por el destacado arquitecto brasileño Oscar Niemeyer. Construida estratégicamente a casi 600 millas al oeste de Río de Janeiro, en una zona subdesarrollada del país, Brasilia debía de atraer a un gran número de habitantes y acelerar el crecimiento de la región.

Retrato presidencial oficial de Joscelino Kubitschek [10]

Sin embargo, la administración y las decisiones de Kubitschek fueron muy criticadas. Ello se debió principalmente a que el Estado aumentó enormemente sus gastos y acrecentó su deuda nacional tomando préstamos del exterior. Al final de su mandato, la deuda de Brasil había aumentado hasta los 300 millones de dólares, más del triple que en 1956. Al igual que sus predecesores, el presidente fue criticado por descuidar el bienestar de las capas más bajas de la sociedad brasileña en favor de sus objetivos de acelerar el crecimiento económico. Aunque la afluencia de capital extranjero dio lugar al crecimiento de varias industrias nacionales, también aumentó la desigualdad de la riqueza nacional. El nivel de vida siguió siendo horrible para muchos brasileños, tanto en las zonas rurales como en los centros urbanos. Esto hizo que el apoyo de Kubitschek cayera en picado al final de su mandato como presidente, y fue sustituido tras las elecciones de 1960 por Jânio Quadros, candidato del antiguo Partido Nacional Laborista de Vargas.

Candidato extremadamente popular en el momento de su elección, Quadros asumió el cargo de presidente en 1961 y se reveló como un crítico declarado de las medidas emprendidas durante la administración anterior. Adoptó la imagen de un político con el deseo de erradicar la extendida corrupción de la política brasileña, pero fue incapaz de aplicar políticas eficaces para abordar los problemas a los que se enfrentaba Brasil. Por ello, la presidencia de Quadros estuvo marcada por un sutil retorno del populismo.

Por ejemplo, el presidente decidió prohibir el juego de apuestas en el país, justificando su decisión diciendo que era una de las principales causas de la inflación. El presidente también adoptó una controvertida iniciativa de política exterior al restablecer las relaciones diplomáticas con la nación socialista y comunista de Cuba, aparentemente para convertir a Brasil en una nación neutral durante la Guerra Fría.

Debemos recordar que Estados Unidos había sido el aliado internacional más cercano de Brasil antes de estos acontecimientos, con intenciones de profundizar la relación expresadas desde el principio por ambas partes. Fue durante el mandato de Quadros como presidente cuando esta relación recibió el primer golpe. Con él llegó un Congreso Nacional descontento. Quadros perdió su apoyo y acabó dimitiendo en agosto de 1961, solo cinco meses después de asumir el cargo.

Capítulo seis - El nacimiento del Brasil moderno

El golpe de Estado de 1964

La dimisión de Jânio Quadros fue una decisión inesperada. Muchos la han identificado como un movimiento que el presidente esperaba que provocara que la opinión pública le demostrara su apoyo y lo hiciera regresar al poder. Sin embargo, tal apoyo no se materializó. En cambio, el Congreso Nacional llamó al vicepresidente João Goulart de su viaje a China para que asumiera el cargo. (La misión del vicepresidente era normalizar las relaciones con la nación comunista, según la política de Quadros).

Sin embargo, algunas personalidades —en su mayoría oficiales militares— estaban en contra de Goulart, pues creían que él mismo era comunista y, por tanto, enemigo de Brasil. Los ministros militares de la marina, el ejército y la fuerza aérea vetaron el acceso de Goulart y quisieron celebrar nuevas elecciones. Aun así, su decisión no obtuvo el apoyo generalizado de la opinión pública, y el Congreso lanzó la Campaña por la Legalidad para garantizar que Goulart se convirtiera en presidente.

Liderados por varios gobernadores de estado, oficiales militares y legisladores constitucionalistas, los activistas creían que la decisión de los ministros de vetar a Goulart violaba la constitución. Se movilizó a la población y a una parte del ejército, pero, afortunadamente, no se produjo ningún enfrentamiento armado entre ambos grupos.

En cambio, llegaron a un compromiso. Goulart juró el cargo como sustituto temporal de Quadros, pero con poderes limitados que se implementaron tras los cambios introducidos en la constitución. En lugar del presidente, el primer ministro asumió los poderes ejecutivos. Este sistema duró hasta principios de enero de 1963, cuando los votantes acudieron a las urnas en un referéndum nacional y votaron a favor de revertir las enmiendas realizadas a la constitución. Esto significó el abandono del sistema parlamentario, la derogación de las enmiendas y la devolución de los poderes anteriores a 1961 al presidente Goulart.

Sin embargo, para entonces era evidente que las tensiones políticas del país no se habían disipado. La dimisión de Quadros había provocado una polarización masiva entre los diferentes grupos de Brasil. A lo largo de los primeros años de la década de 1960, las huelgas y las protestas masivas fueron habituales en las mayores ciudades brasileñas, pero se hizo poco para solucionar los problemas a los que se enfrentaban muchos brasileños.

Una vez aumentados sus poderes, Goulart intentó impulsar reformas de tendencia izquierdista, como una participación más activa del Estado en la economía nacional y la redistribución de la tierra. En teoría, estas reformas habrían disminuido el poder de algunos de los terratenientes más ricos que aún dominaban la esfera social y política brasileña. Los críticos del presidente lo consideraban cada vez más comunista y su apoyo en el Congreso Nacional empezó a menguar.

En medio de las crisis internacionales provocadas por la Guerra Fría, estas medidas también atrajeron el interés de Estados Unidos, que se veía a sí mismo como el principal enemigo de la expansión del comunismo por el mundo. Las relaciones entre Estados Unidos y Brasil siguieron deteriorándose mientras el presidente Goulart se negaba a dejar de aplicar sus medidas. Mientras tanto, los movimientos anti-Goulart empezaron a ganar protagonismo, y la inestabilidad y polarización que existían dentro del país dieron lugar a otra conspiración contra el presidente, apoyada por Estados Unidos.

Así se lanzó el golpe de Estado militar del 31 de marzo de 1964, que logró deponer a Goulart. El levantamiento comenzó después de que destacados miembros del ejército se unieran a las protestas contra Goulart que habían estallado en Minas Gerais. Entre los principales líderes se encontraba Humberto Castelo Branco, que acabó convirtiéndose en el nuevo presidente tras el derrocamiento de Goulart. Miembros del Congreso Nacional también apoyaron la insurrección, habiéndose comunicado en secreto con el Departamento de Estado de EE. UU. para solicitar apoyo contra el aparentemente comunista Goulart.

Con la «Operación Brother Sam», la Fuerza Aérea y la Marina estadounidenses habían sido movilizadas para transportar suministros a los instigadores del golpe de Estado y estaban listas para llegar a Brasil. Sin embargo, su participación en el golpe no fue necesaria, ya que los grupos pro-Goulart no pudieron ofrecer resistencia al golpe de Estado. Las tropas rebeldes ocuparon posiciones clave en Río de Janeiro y São Paulo, convenciendo cada vez a más soldados para que se unieran a su causa. Goulart huyó al exilio a Uruguay ese mismo día y, para el 2 de abril, ya no era capaz de oponer resistencia.

Dictadura en Brasil

El nuevo régimen se mantuvo en Brasil durante los veintiún años siguientes, marcando un periodo de transformación para el país en medio de un clima internacional turbulento. Los instigadores del golpe de Estado comenzaron inmediatamente a aplicar medidas destinadas a reforzar y legitimar el nuevo régimen. En lugar de derogar la Constitución de 1946, el gobierno militar adoptó decretos extralegales, los Actos Institucionales. Estos actos otorgaron a los líderes del golpe de Estado influencia política y la autodenominada autoridad para actuar más allá de los límites de la Constitución. El primero de estos actos se promulgó el 9 de abril de 1964, aumentando enormemente los poderes del presidente. Dos días después, el Congreso Nacional eligió al general Castelo Branco como presidente para el resto del mandato del expresidente Goulart.

El mandato de Castelo Branco como presidente comenzó con relativa calma. Las primeras medidas dictatoriales que tomó llegaron recién en octubre de 1965, con la adopción de la Segunda Ley Institucional. Con este decreto, se concedieron de nuevo al ejecutivo poderes prácticamente ilimitados, mientras que los del poder judicial y el legislativo se redujeron considerablemente. En esencia, el presidente podía elegir a los legisladores y gobernadores que le resultaran favorables, así como destituirlos si lo consideraba oportuno. Los diputados críticos con el régimen, así como los miembros de tendencia izquierdista del Congreso Nacional, fueron así purgados, y muchos antiguos oficiales militares recibieron puestos ministeriales. Castelo Branco y su gobierno procedieron entonces a ilegalizar todos los partidos políticos, excepto dos: la Alianza de Renovación Nacional (ARENA) —un partido de extrema derecha respaldado por el gobierno en el poder— y el Movimiento Democrático Brasileño, que constituía la oposición «centrista».

En 1967 también se redactó una nueva constitución que reafirmaba la supremacía del presidente y de las Fuerzas Armadas brasileñas como su institución de mano derecha. El presidente podía proponer leyes al Congreso Nacional, que disponía de treinta días para examinarlas. Si no había una respuesta clara del Congreso durante los treinta días, los decretos sugeridos se convertían automáticamente en leyes. Se redujeron las autonomías estatales y se restringieron, por ejemplo, las libertades fundamentales de reunión. También aumentaron las competencias de la policía; los sospechosos de ser delincuentes podían ser encarcelados libremente y juzgados en los tribunales. Otro cambio importante afectó a la elección del presidente y de los gobernadores de los estados. Las elecciones se hicieron indirectas: el Congreso Nacional elegía al presidente y las legislaturas estatales a sus gobernadores. En realidad, estas medidas solo dieron más poder al gobierno para perpetuar el régimen y aumentar sus atribuciones. También se cambió el nombre del país por el de República Federativa de Brasil.

Castelo Branco fue sustituido como presidente por uno de los más duros anticomunistas de la dictadura militar, Artur da Costa e Silva. Su mandato se caracterizó por la adopción de medidas más autoritarias y nacionalistas, que a menudo fueron objeto de protestas públicas.

El gobierno censuró a los medios de comunicación brasileños, que se habían convertido en uno de los más críticos con el régimen, a pesar de haber apoyado la deposición de Goulart en años anteriores. Se crearon organismos estatales especiales para supervisar la aplicación y el cumplimiento de las leyes de censura, que actuaban bajo el Ministerio de Justicia. Prácticamente todos los campos de los medios y las comunicaciones, incluidos la radio, la televisión, la prensa y ámbitos culturales como el teatro o la música, fueron censurados por el gobierno a partir de 1968, lo que condujo a la creación de un «mercado negro» de transmisión de información. Estos cambios fueron posibles gracias a varios decretos institucionales. Durante este tiempo, estos decretos se convirtieron en un mecanismo básico para aumentar el poder de la dictadura militar y superar las barreras creadas por la constitución.

Fue también durante esta época cuando el uso sistemático de la violencia se convirtió en otro elemento básico de la dictadura militar. El gobierno dio esencialmente rienda suelta a la policía para reprimir a los miembros no simpatizantes del público. El Estado había llevado a cabo actividades similares durante la presidencia de Vargas, pero esta vez el alcance de la brutalidad policial alcanzó nuevas cotas, y los métodos de tortura fueron especialmente brutales. Los sospechosos de pertenecer a organizaciones secretas de izquierda o de ser organizadores de movimientos de protesta eran encarcelados y torturados. Esto ocurrió especialmente durante los primeros años de la dictadura militar, cuando eran más frecuentes las protestas de estudiantes, grupos de izquierda, artistas y miembros de la sociedad civil. Los enfrentamientos con la policía antidisturbios se saldaban con cientos de muertos y heridos y aún más encarcelamientos.

Para hacerlos más eficaces, la policía brasileña y miembros del ejército fueron especialmente entrenados por expertos en inteligencia de EE. UU. y el Reino Unido, especializados en métodos de tortura. El problemático legado de las violaciones de los derechos humanos durante el régimen de Silva sigue vivo en Brasil, y desde la década de 1980 se han realizado muchos esfuerzos para erradicar las brutales prácticas sistemáticas de la dictadura.

La presidencia de Silva se vio truncada en agosto de 1969, cuando sufrió una trombosis cerebral que lo dejó incapacitado. Sin embargo, en lugar de que el vicepresidente Pedro Aleixo tomara el relevo, una junta militar formada por tres generales asumió el control del país y decretó varios Actos Institucionales para legitimarse.

Los dirigentes de la junta justificaron su decisión por el hecho de que el Congreso Nacional seguía en receso. Querían proceder repartiendo las funciones de presidente entre los tres, pero esto resultó imposible debido a las protestas de las esferas política y pública. Así pues, se fijó una nueva fecha para las elecciones a finales de octubre. Por supuesto, un candidato de la Alianza de Renovación Nacional, Emílio Garrastazu Médici, se impuso, convirtiéndose en el próximo presidente del país a finales de 1969.

Las medidas represivas de la presidencia de Silva alcanzaron nuevas cotas durante el mandato de Médici, ya que el gobierno siguió ejerciendo un amplio control sobre la vida pública. En general, el régimen siguió tomando medidas enérgicas contra los disidentes políticos y los críticos declarados del gobierno. Restringió las libertades individuales, censuró la prensa y adoptó una retórica cada vez más nacionalista y antizquierdista.

Sin embargo, la opresión del mandato de Médici se complementó con grandes esfuerzos para impulsar la economía nacional, lo que dio lugar al «milagro brasileño», para sorpresa de muchos observadores nacionales e internacionales. Las políticas gubernamentales dieron como resultado un magnífico crecimiento medio anual del 11,2 % del PIB del país, y las tasas de inflación se mantuvieron estables hasta finales de 1973. Gracias al plan ideado por un grupo de economistas tecnócratas dirigidos por Antônio Delfim Netto, Brasil consiguió atraer a inversores extranjeros e impulsar la producción nacional en industrias como la fabricación de automóviles. La producción de la economía nacional se diversificó y el café dejó de ser el principal producto de exportación del país, ya que su cuota cayó hasta cerca del 15 % en la primera mitad de la década de 1970.

El milagro brasileño se debió en parte a la favorable situación financiera internacional, que facilitó a Brasil la obtención de préstamos del exterior. Aunque el PIB total del país aumentó, también hubo claros ganadores y perdedores de las políticas económicas, que favorecieron la acumulación de capital en manos de los miembros más ricos de la sociedad. El Estado suprimió muchos de sus programas de bienestar social, lo que afectó en mayor medida a los estratos sociales más bajos. Además, la crisis del petróleo de 1973 asestó un duro golpe a la economía brasileña, ya que el petróleo había sido uno de los recursos más importados por el país.

Al final del mandato de Médici, la situación socioeconómica de Brasil era muy contradictoria. El país seguía una trayectoria de industrialización ascendente con una de las peores calidades de vida para la gran mayoría de su sociedad.

Abertura

La elección de Ernesto Beckmann Geisel como presidente en 1974 suele asociarse en la historia brasileña con el inicio de la liberalización y la transición gradual para alejarse de una dictadura plenamente autoritaria. Esta época se conoce como el periodo de «apertura política» o *abertura*, pero no debe confundirse con la era de cambios radicales que supuso la redemocratización instantánea de Brasil. De hecho, Geisel fue elegido según la «tradición» establecida por el régimen militar desde 1964: nominado por la cúpula de las fuerzas armadas y elegido sin oposición real. Había sido elegido por sus credenciales en el ejército, sus estrechas conexiones con el régimen desde la época de Castelo Branco y la influencia de su hermano, que era el ministro de Guerra. Nadie previó entonces que su mandato iniciaría un proceso gradual de liberalización que se prolongaría durante los diez años siguientes.

Sus inclinaciones moderadas eran bien conocidas dentro de ARENA y, sin duda, hubo cierta oposición contra él por parte de los partidarios más acérrimos del régimen dictatorial. Sin embargo, no es fácil precisar las razones del programa de liberalización gradual que adoptó durante su presidencia.

Una de las principales razones podría haber sido la crisis en la que se encontraba Brasil desde 1973, provocada por la fluctuación de los precios internacionales del petróleo. Las raíces de este problema podrían remontarse a la estricta jerarquía militar impuesta. Geisel pensaba que sería mejor para Brasil a largo plazo separar poco a poco a los militares de los asuntos gubernamentales. Aunque esto no pudo hacerse instantáneamente por razones obvias, en última instancia su administración fue responsable de crear al menos una atmósfera que permitió a la oposición expresar sus preocupaciones.

Sin embargo, muchas de las medidas de la *abertura* fueron seguidas de medidas igualmente conservadoras y autoritarias, algunas de las cuales recordaban al gobierno de Médici. Por ejemplo, se permitió a los partidos de la oposición utilizar la radio y la televisión durante sus campañas para las elecciones a la legislatura estatal que se celebraron en noviembre de 1974. El Movimiento Democrático Brasileño (MDB) pudo así obtener por fin más representación en las legislaturas regionales. Sin embargo, a esto le siguió una represión contra el Partido Comunista y medidas de censura de prensa en 1975, acordes con la fuerte postura anticomunista del régimen militar.

En resumen, lo que Geisel reconoció correctamente fue el hecho de que el sistema político de Brasil no era sostenible y los cambios solo podían imponerse desde posiciones de poder. Las elecciones legislativas estatales de 1974 contribuyeron en gran medida a revitalizar el movimiento de oposición, y todas las elecciones posteriores se celebraron de forma igualmente libre. El resultado fue que el MDB obtuvo aún más escaños en el Congreso Nacional de 1976. Por primera vez, esto pudo amenazar la posición de ARENA. Por ello, Geisel se apresuró a utilizar los poderes que le otorgaba la Quinta Acta Institucional para disolver el Congreso en 1977 y crear estructuras que garantizaran el acceso de su deseado sucesor. Este enfoque de permitir avances democratizadores graduales y luego contrarrestarlos con medidas autoritarias se convirtió en un elemento básico de su presidencia.

En última instancia, el planteamiento de Geisel dio a muchas personas desencantadas con el liderazgo brasileño un sentimiento de esperanza y el deseo de tomar las calles. Así surgieron los movimientos huelguísticos del gran São Paulo en 1978, las primeras huelgas organizadas tras las políticas represivas del gobierno. Organizados por los partidos de izquierda y liderados por el entonces activista y eventual presidente Luiz Inácio Lula da Silva, los trabajadores empezaron a exigir aumentos salariales y mejores condiciones. Hasta medio millón de personas salieron a la calle y el gobierno acabó accediendo a sus demandas.

Todos estos acontecimientos se sumaron. Al final de su mandato, el presidente Geisel había acabado efectivamente con la censura de prensa, derogado las Leyes Institucionales que otorgaban al presidente poderes prácticamente ilimitados y reavivado la oposición política.

Durante la presidencia de Geisel también se produjeron cambios significativos en la dirección de la política económica y exterior brasileña. Aunque el presidente siguió pidiendo grandes préstamos para hacer frente al déficit comercial y a la inflación, muchas de sus medidas estaban dirigidas a hacer que Brasil dependiera menos de las importaciones a largo plazo. El gobierno renovó las fuertes inversiones en proyectos de infraestructuras y comunicaciones del Estado, incluso en zonas rurales y subdesarrolladas que hasta entonces habían estado desatendidas. En particular, apoyó la diversificación del sector energético brasileño y la dependencia del país de las importaciones de petróleo, fomentando el desarrollo de la industria de producción de etanol.

El grupo tecnocrático de economistas responsables de las políticas neoliberales durante el milagro brasileño fue destituido, y el país adoptó una política exterior que complementaba los cambios económicos. Por ejemplo, aunque Estados Unidos seguía siendo un socio comercial fuerte, Brasil empezó a estrechar lazos con naciones europeas y asiáticas. Geisel consiguió cerrar un acuerdo con Alemania Occidental por valor de unos diez mil millones de dólares para financiar la construcción de ocho reactores nucleares en el país, siguiendo su intención de diversificar el sector energético.

La energía nuclear era una solución sostenible y, a largo plazo, barata a la dependencia brasileña del petróleo. Los nuevos socios internacionales de Brasil y su menor dependencia de Estados Unidos alarmaron a Washington, que respondió aumentando sus críticas a las continuas violaciones de los derechos humanos por parte del régimen brasileño. En última instancia, esto ejerció más presión sobre Geisel y su sucesor, João Figueiredo, para que suavizaran las medidas represivas del gobierno contra los disidentes y opositores políticos.

Democratización

João Figueiredo, que asumió el cargo de presidente en marzo de 1979, continuó la liberalización política iniciada por Geisel. Curiosamente, Figueiredo había sido durante mucho tiempo miembro del régimen militar, llegando a ser jefe de la Oficina Nacional de Inteligencia y supervisando muchas de las prácticas violentas del régimen durante la década de 1970.

Figueiredo juró su cargo mientras Brasil vivía otra crisis económica provocada por la inestabilidad del mercado mundial, con una inflación que llegó a alcanzar el 110 % en 1980. La crisis golpeó con mayor dureza a los sectores más bajos de la sociedad brasileña, que siguieron organizando manifestaciones masivas contra el gobierno. El gobierno no pudo hacer frente a estos problemas internos y tuvo que pedir un rescate al Fondo Monetario Internacional en 1983. Tras rigurosas negociaciones, el FMI prestó a Brasil una enorme suma de dinero a un alto tipo de interés. Pero el FMI se enfadó cuando la administración de Figueiredo no redujo el gasto para cumplir su parte del trato. Aunque técnicamente el PIB del país siguió creciendo durante su presidencia, también lo hizo la inflación, que se había duplicado hasta cerca del 223 % en 1984.

Una de las políticas más importantes de la administración de Figueiredo —una de las que quizá desempeñó el papel más relevantes en la redemocratización del país— fue la ley de amnistía para los exiliados políticos y los disidentes que habían sido perseguidos anteriormente por el gobierno militar. La ley de amnistía se aprobó a pesar de las duras críticas de varios destacados oficiales del ejército de línea dura, que deseaban mantener el *statu quo*. Al ocupar puestos importantes en el gobierno, quizá temían ser castigados por sus crímenes si renunciaban al poder. En diciembre de 1979, Figueiredo decidió abolir el sistema bipartidista con la ayuda del Congreso Nacional. Los obligó a reformar sus estructuras, permitiendo así la aparición de nuevos partidos. Comenzaron a formarse nuevos grupos sociales que reclamaban una mayor liberalización y el fin del régimen militar. Se trataba sobre todo de grupos de izquierda, una amplia alianza que abarcaba desde socialdemócratas moderados hasta socialistas más radicales que abogaban por el ascenso del proletariado al poder.

Para las elecciones legislativas de 1982 acudieron a las urnas 48 millones de brasileños. Por primera vez desde la década de 1960, los gobernadores de los estados y las legislaturas locales fueron elegidos por sufragio directo. La oposición salió así victoriosa en los cruciales estados sureños de Minas Gerais, Río de Janeiro y São Paulo, lo que le dio una motivación muy necesaria a pesar de que el Partido Democrático Social (PDS), sucesor del antiguo ARENA del régimen, obtuvo la mayoría en ambas cámaras del Congreso Nacional.

El Partido de los Trabajadores, o *Partido dos Trabalhadores* (PT), se encontraba entre los grupos de oposición más activos, y comenzó a trabajar con otros partidos políticos para crear un frente unificado contra el régimen. Comenzó a abogar por la celebración de elecciones presidenciales directas, algo que solo podía lograrse con una mayoría constitucional de dos tercios en el Congreso. Se redactó una enmienda constitucional al respecto y se sometió a votación, pero la legislatura nacional, dominada por el PDS, la rechazó.

Las elecciones de 1985 se desarrollaron en un clima político volátil. Las disputas existentes entre los miembros del régimen dieron lugar a unas condiciones preelectorales desfavorables. El presidente Figueiredo había favorecido al coronel Mário Andreazza como su sucesor, quien finalmente perdió la nominación ante el exgobernador de São Paulo, Paulo Maluf, apoyado por los miembros más conservadores del PDS. Esto, en última instancia, provocó una escisión dentro del partido. Muchos miembros abandonaron el PDS, dando ventaja a la oposición. Entre ellos se encontraba José Sarney, expresidente de ARENA y durante mucho tiempo miembro del régimen gobernante. Sarney se convirtió en el nuevo líder del Frente Nacional Liberal, formado por antiguos miembros disidentes del PDS. Se convirtió en compañero de fórmula del opositor Tancredo Neves, un veterano de la política brasileña anterior a la dictadura militar y gobernador en funciones de Minas Gerais, que se presentó por el Movimiento Democrático Brasileño (MDB).

Juntos, la papeleta Neves-Sarney salió victoriosa en las elecciones presidenciales de 1985, acumulando más del 70 % de los votos y derrotando decisivamente al candidato del gobierno, Paulo Maluf. Fue una derrota decisiva para el régimen, que perdió las elecciones presidenciales por 300 votos en el colegio electoral, ganando solo en dos estados. Terminaba así la dictadura militar de veintiún años en Brasil, siendo solo el segundo caso en la historia de Brasil en que el gobierno en funciones transfería el poder pacíficamente a un nuevo presidente. Desgraciadamente, hubo obstáculos adicionales para la oposición. Antes de que pudiera tomar posesión de su cargo en marzo, el presidente electo Neves cayó enfermo y fue sometido a una operación de urgencia en Brasilia. Sarney fue investido en su lugar el 15 de marzo. Aunque se suponía que iba a ser temporal, la salud de Neves siguió empeorando, lo que lo llevó a la muerte el 21 de abril.

Neves fue llorado por la opinión pública, que temía lo que podría ocurrir con la muerte de su nuevo líder en un momento tan crítico. Este sentimiento era especialmente destacado porque el vicepresidente Sarney, que ejerció el mandato de Neves hasta 1990, era un antiguo miembro de la antigua dictadura militar. Sin embargo, estos temores no se materializaron. Sarney cumplió las promesas que había hecho durante su campaña y nombró a los ministros que Neves había favorecido.

El primer año de Sarney como presidente marcó la legalización de todos los partidos políticos, incluido el Partido Comunista Brasileño, que había estado proscrito de la política brasileña durante mucho tiempo. Para entonces, sin embargo, había perdido su prestigio y su apoyo de masas, y la mayoría de los brasileños apoyaban alegremente al moderado PT de centro-izquierda. Le siguió el ambicioso Plan Cruzado, un conjunto de medidas económicas para luchar contra la creciente inflación del país, incluida la regulación de los precios. El plan, a pesar de un breve periodo de éxito inicial, acabó fracasando, lo que provocó un aumento del déficit comercial de Brasil en 1987 y un desabastecimiento.

Al año siguiente, una nueva constitución puso fin por fin a las prácticas autoritarias legitimadas del gobierno militar. La nueva constitución reafirmó las libertades personales y sociales, pero fue objeto de críticas por su ambigüedad a la hora de reorganizar el sistema federalista, que había sido un elemento básico de la democracia brasileña durante mucho tiempo. No obstante, la llegada de Sarney a la presidencia marcó el final de la lucha de más de una década por la democratización de Brasil. En un contexto internacional, formó parte de una gran oleada de democratización en todo el mundo. En América Latina, Brasil sirvió de ejemplo para el fin de los regímenes autoritarios en Chile y Argentina, mientras que el proceso de democratización mundial culminó con la caída de la Unión Soviética.

En 1989, Brasil celebró sus primeras elecciones presidenciales directas desde 1960. Fernando Collor de Mello, del Partido de Reconstrucción Nacional, salió victorioso frente al candidato del PT, Luiz Inácio da Silva (Lula). Se convirtió en el próximo presidente del país con unos 36 millones de votos del público, mientras que Lula acumuló unos 31 millones. Collor ganó con una plataforma neoliberal que exigía la reducción del gasto público y siguió luchando contra las graves dificultades económicas del país durante todo su mandato. Aunque había sido un firme crítico de la corrupción existente en la política brasileña, fue acusado de participar en tramas de corrupción durante su presidencia, lo que condujo a su destitución por la Cámara de Diputados en 1992. Cuando su caso se sometió a debate en el Senado, quedó claro que sería condenado, sometido a juicio político e inhabilitado para volver a presentarse a un cargo público durante un tiempo. Esto llevó a Collor a dimitir de su cargo, y al vicepresidente Itamar Franco a convertirse en presidente en funciones durante los dos años siguientes.

Desde el restablecimiento de la democracia, Brasil ha luchado por mantenerse a la altura de un mundo que se moderniza rápidamente y de una sociedad globalizada. Hasta el día de hoy, el país sufre una de las distribuciones de riqueza e ingresos más desiguales del mundo. Esto llevó a Lula a convertirse en el primer presidente de izquierdas de Brasil en 2002 y a su posterior reelección en 2006, mientras Brasil experimentaba con la socialdemocracia.

El PT salió victorioso también en las elecciones de 2010, lo que condujo a la elección de la primera mujer presidenta del país: Dilma Rousseff. También fue reelegida en 2014, pero fue sometida a un juicio político tras su implicación en escándalos de corrupción y el aumento del gasto que caracterizó su mandato como presidenta. La «Operación Autolavado» —la investigación que acabó destapando la masiva corrupción en la que participaron activamente muchos de los ex altos cargos políticos de Brasil— supuso un duro golpe para el prestigio del PT.

El juicio político a Rousseff condujo a la elección de Jair Bolsonaro en 2018, un líder populista de extrema derecha del Partido Social Liberal. La llegada de Bolsonaro a la presidencia marcó el regreso del populismo a Brasil, parte de una tendencia más amplia de las democracias mundiales a recurrir a líderes populistas de derechas. A pesar de su victoria, las políticas de Bolsonaro fueron ampliamente impopulares tanto a nivel nacional como internacional, especialmente porque su mandato coincidió con la pandemia del COVID. No abordó eficazmente los problemas causados por la pandemia, incluida una grave crisis económica, y también fue acusado de campañas de propaganda antivacunas que empeoraron la salud pública en el momento más apremiante para el país. Finalmente, su presidencia también estuvo marcada por varios escándalos importantes.

En las elecciones presidenciales de 2022, el dos veces expresidente Lula logró imponerse con solo el 50,90 % del total de los votos, lo que las convirtió en las más reñidas de la historia del país.

Conclusión

Antaño una tierra prometida desconocida en los confines del mundo conocido, Brasil es ahora el quinto país del mundo en extensión y el séptimo en población. También es la undécima economía con un PIB nacional total de casi dos billones de dólares. Desde su descubrimiento y colonización, Brasil ha recorrido sin duda un largo camino hasta su posición actual. Su recorrido desde la época precolonial hasta el presente es como el de muchas otras naciones latinoamericanas. Aun así, existe un aura de singularidad cuando se trata de Brasil, especialmente en comparación con otros países poscoloniales del continente.

La historia de Brasil es la historia de las fuertes personalidades que dominaron el panorama político del país desde la época colonial. Sus intereses y conflictos dieron forma a las estructuras sociales que aún prevalecen hoy en día e influyen no solo en cómo el mundo percibe Brasil, sino también en cómo los brasileños se perciben a sí mismos. Y, sin embargo, algo que quizá caracterice mejor la historia brasileña es la lucha del pueblo. A menudo, olvidados por los intereses de sus dirigentes, siguieron luchando, sin embargo, por sus derechos, libertades fundamentales y prosperidad, que merecían, por encima de todo.

Resulta fascinante comprobar que Brasil se ha convertido en uno de los países más diversos del mundo, con una cultura única que combina lo mejor de los muchos pueblos diferentes que lo habitan. Brasil es conocido por su hospitalidad y su apasionante forma de vida, que cautiva a los visitantes hasta el día de hoy.

El oscuro recuerdo de la opresión, incluida la práctica de la esclavitud, que duró hasta finales del siglo XIX y costó la vida a millones de inocentes, perdura hoy en día. La desigualdad entre las distintas partes de la sociedad puede ser observada claramente por quienes presencian las favelas de Río, y solo después de examinar de cerca la historia del país pueden identificarse las razones estructurales que subyacen a estas desigualdades.

Es la historia brasileña la que puede ofrecer explicaciones e incluso soluciones a muchos de los problemas sistémicos profundamente arraigados que asolan Brasil hasta nuestros días. El objetivo de este libro era destacar los acontecimientos clave en los que se pueden encontrar estas respuestas y ofrecer a los lectores de todas las edades y gustos una visión de la cautivadora historia de un país tan extraordinario como Brasil.

Segunda Parte: Mitología brasileña

Apasionantes cuentos populares, vibrante folclore, leyendas míticas y deidades de Brasil

Introducción

La mayor parte del norte de Brasil, aproximadamente el 40 % del país, está surcado por la cuenca del Amazonas. El río Amazonas, que fluye de oeste a este desde los Andes, atraviesa ocho países, pero principalmente Brasil y Perú. El río desemboca en el océano Atlántico, en la bahía de Marajó, Brasil. El río Amazonas tiene el mayor volumen de agua de todos los ríos del mundo y el mayor sistema de drenaje. Esta vasta y extensa región tiene una extensión aproximada de 6,9 millones de kilómetros cuadrados (2,72 millones de millas cuadradas) y su clima es tropical y cálido (alrededor de 21 a 32 °C o 70 a 90 °F) con un gran volumen de precipitaciones (150 a 500 centímetros o 60 a 200 pulgadas) durante todo el año.

Dos tercios de la cuenca del Amazonas están cubiertos por vastos bosques de frondosos árboles de madera dura. En la selva amazónica crecen más de cuarenta mil especies de plantas. Hay 2,5 millones de especies diferentes de insectos, 3.000 especies de peces, unas 1.300 especies de aves y 427 tipos de mamíferos. Es el lugar con mayor diversidad biológica de la Tierra.

A veces se hace referencia a la selva amazónica como los «pulmones de la tierra», y con razón. La exuberante y diversa flora absorbe dióxido de carbono y emite al menos el 6 % del oxígeno del mundo. (Históricamente, la cifra era mucho mayor, un 20 %, pero estudios recientes sugieren que los organismos fotosintéticos que viven en el océano aportan una proporción mayor de oxígeno a la atmósfera terrestre de lo que se había entendido en un principio).

Las copas pesadas y anchas de los árboles inmensamente altos (muchos de ellos miden de 150 a 200 pies o de 45 a 60 metros) forman el dosel cerrado que protege la selva de la mayor parte de la luz solar. Sus ramas proporcionan hábitats para ranas arborícolas, serpientes, monos (incluidos el tití cabeza de bufón y el capuchino crestado, que son autóctonos únicamente de Brasil), una increíble variedad de aves e invertebrados, incluidas arañas e insectos (escarabajos, polillas, abejas, avispas, hormigas, termitas y mariposas). Aunque el suelo de la selva tropical es relativamente pobre, proporciona las condiciones perfectas para los caimanes, las serpientes más grandes como las anacondas y las boas constrictoras, y animales como las capibaras, los jaguares y los perezosos.

En los canales fluviales de corriente lenta y en los lagos hay manatíes, delfines de agua dulce y tortugas, aunque su número se ha visto seriamente mermado debido a la caza por su carne. También hay varias especies de pirañas y anguilas eléctricas. Esta rica y diversa flora y fauna, en gran parte exclusiva de la región, ha dado lugar a una gran cantidad de historias y mitos a lo largo de los tiempos.

El propio descubrimiento del Amazonas por los europeos fue el resultado de la persecución de un mito imposible. Francisco de Orellana, conquistador y explorador español que había ayudado a su primo, Francisco Pizarro, a tomar posesión de Perú, partió en una expedición dirigida por el hermanastro de Pizarro para explorar las regiones situadas al este de Quito. En abril de 1542, se adelantó a la partida principal en un velero de dos mástiles para aprovisionarse y llegó a la confluencia de los ríos Napo y Marañón. Al darse cuenta de que sería temerario intentar regresar debido a la corriente, navegó a la deriva con la marea hasta que llegó a la desembocadura del Amazonas en agosto. Cuando finalmente regresó a España (tras una breve estancia en Trinidad), tenía notables historias que contar.

Habló de El Dorado, que se cree que es una referencia a la antigua cultura del pueblo muisca, que ofrecía copiosas cantidades de oro a una laguna cercana a Bogotá, Colombia, durante las ceremonias de investidura de los nuevos jefes. El jefe recién nombrado navegaba por las aguas azules en una balsa dorada cubierta de miel y polvo de oro, lo que debió de ser todo un espectáculo si Orellana lo presenció realmente.

Orellana también relató el ataque de una tribu de mujeres guerreras que se parecían a las legendarias Amazonas de la literatura griega clásica. Puede que se tratara de una tribu sin barba que disparaba al barco desde las orillas del río a cierta distancia; él y sus hombres los confundieron con mujeres.

Orellana tenía muchas ganas de volver para hacer otra exploración de este enorme río que había pasado a llamarse Amazonas por la mítica tribu griega, pero España y Portugal mantenían una agria disputa por la propiedad de las tierras. El rey se negó a financiar tal viaje, pero ofreció cierta ayuda extraoficial. El regreso de Orellana a Sudamérica fue un desastre desde el principio. Perdió barcos y hombres cruzando el Atlántico desde España, y cuando por fin regresó al Amazonas, su barco zozobró y él se ahogó.

Los rumores de una maravillosa ciudad de oro captaron el interés de los exploradores europeos, que ya estaban enamorados de las nuevas y exóticas tierras sudamericanas. Se apresuraron a realizar expediciones en Colombia, Venezuela, Guayana y el norte de Brasil, prometiendo la posibilidad de inmensas riquezas a sus mecenas. Sir Walter Raleigh realizó dos de esos viajes para la reina Isabel I de Inglaterra, y los conquistadores ibéricos continuaron sus búsquedas, pero nunca se encontró tal ciudad. No fue hasta principios del siglo XIX que el rumor fue finalmente descartado como mito.

Incluso el nombre de Brasil puede proceder de un mito. Pedro Álvares Cabral, el primer europeo que dirigió una expedición a Brasil, bautizó la región como Ilha de Vera Cruz («Isla de la Vera Cruz») en 1500. Más tarde se descubrió que la región no era una isla, y comenzó a conocerse como Terra de Santa Cruz («Tierra de la Santa Cruz»). Comenzó a llamarse Brasil en algún momento del siglo XVI. Este nombre derivaba del árbol de madera roja *paubrasilia*. Se decía que su madera carmesí era del color *brasa* (brasas en latín) y que resultaba ser una madera resistente capaz de soportar cargas pesadas. También era conocida por ser particularmente atractiva. Rápidamente, se convirtió en un recurso muy valioso y la madera se enviaba a Portugal para la construcción y por el tinte rojo que se podía extraer de su corteza.

Sin embargo, se ha sugerido (concretamente en un ensayo del escritor J. R. R. Tolkien) que el país de Brasil podría haber recibido su nombre de la mítica y escurridiza isla de Hy-Brasil. Supuestamente, solo es visible a través de la niebla cada siete años y se dice que se encuentra en algún lugar al oeste de Irlanda, en el océano Atlántico, pero los etimólogos han descartado esta idea por considerarla fantasiosa.

El país moderno de Brasil es el quinto más grande del mundo después de Rusia, China, Canadá y Estados Unidos. Ocupa una superficie enorme, por lo que no debe sorprender que fuera el hogar de muchos grupos tribales diferentes. Se calcula que cuando Cabral y su flota se toparon con Brasil, vivían allí unas dos mil tribus, entre dos y cinco millones de personas. La mayoría eran seminómadas y vivían en zonas costeras o junto a ríos donde abundaban los peces y podían cultivar plantas para alimentarse.

Se cree que sus antepasados emigraron originalmente quince mil años antes desde Asia por el estrecho de Bering. Desde allí, se desplazaron gradualmente hacia el sur a través de Norteamérica. Con el paso de los años, los indígenas empezaron a formar mitos sobre la tierra que les rodeaba. Al pasar los siglos, estos mitos se transformaron debido a la colonización, la conversión al cristianismo y la esclavitud. Las ideas europeas, en particular la religión, influyeron en los personajes de los cuentos antiguos. Se contaban mensajes diferentes y las nuevas generaciones transmitían la versión alterada, perdiéndose a menudo el original en el tiempo.

Hoy en día, Brasil es visto como un país creativo, vibrante y con una fuerte identidad, a pesar de que su población tiene una herencia tan diversa. Es un país asociado a los deportes, en particular al fútbol, la samba, los carnavales, la gastronomía y la literatura.

La destacada tradición literaria de Brasil continúa lo que hicieron los antiguos pobladores. En los últimos tiempos, tiende a tratar temas de injusticia social y racial. Elementos de la rica mitología del país aparecen referenciados y reflejados en poesías y novelas elaboradas por escritores familiarizados con estas tradiciones.

Capítulo uno - Los mitos de la creación

Las historias brasileñas sobre cómo surgieron el mundo y la humanidad son tan variadas y diversas como su gente y paisajes. Algunos de estos mitos se han perdido, están incompletos o se han modificado a lo largo de los tiempos, pero los que se conservan ofrecen una visión fascinante de las culturas y comunidades brasileñas.

El pueblo tupí habitaba unas tres cuartas partes de las regiones costeras de Brasil cuando llegaron los portugueses a principios del siglo XVI. Eran agricultores consumados y cultivaban una gran variedad de verduras y legumbres. Aunque estaban divididos en numerosas tribus individuales, de entre trescientas y dos mil personas, compartían una lengua común. Los colonos portugueses descubrieron que los tupis no tenían una religión discernible, pero existían mitos y leyendas que los colonizadores quizá pasaron por alto en su entusiasmo por poner a este pueblo bajo el ala del cristianismo.

Los tupis contaban historias de un dios llamado Nhanderuvuçu. Era el dios principal y el creador. Destruyó todo lo anterior y luego produjo dos almas a partir de las cuales creó todo: el mundo, el aire y el agua. Deshizo el caos para poner orden, lo que dio origen a las demás deidades tupis.

Uno de ellos era Tupã, el dios del trueno y de los cielos. Un día, soltó dos pájaros en el cielo. Uno era Guaraci, el dios del sol. Era el responsable de todos los seres vivos durante el día. El otro pájaro, Jaci, se convirtió en la luna y supervisaba todos los seres vivos durante la noche.

En otra versión, Tupã solo creó a Guaraci. Estaba agotado de supervisar sin cesar el mundo. Así que Tupã le hizo una hermana cuyo brillo lunar impediría que el mundo cayera en la oscuridad total mientras el dios sol dormía. Cuando Guaraci la vio, quedó deslumbrado por su belleza y agradeció la oportunidad de dormir para poder despertar y quedar cautivado por ella de nuevo.

Guaraci pidió a Tupã que le transmitiera su profunda admiración por Jaci. Tupã formó a Rudá, el dios del amor y el afecto, para que llevara estos mensajes a Jaci mientras el enamorado dios del sol dormía.

Jaci estaba en la selva tropical cuando por fin conoció a su hermano Guaraci. Estaba tan hipnotizada por su magnificencia dorada y reluciente como él lo estaba con ella, y mientras ambos se contemplaban, la ardiente pasión de Guaraci amenazaba con incendiar la tierra. Las lágrimas de amor y felicidad de Jaci casi hicieron que la tierra se inundara. Se dieron cuenta de que nunca podrían estar juntos, así que se separaron a su pesar.

El irresponsable Guaraci pronto se olvidó por completo de su amor lunar, ya que ella se cuidaba mucho de no aparecer hasta que él dormía. Sin embargo, Jaci permaneció con el corazón roto. Sus lágrimas cayeron a la tierra y bajaron por las montañas, formando finalmente el poderoso río Amazonas.

Jaci era la más bella y benévola de todos los seres divinos. Era la responsable de las plantas y de la reproducción. A pesar de su hermosura, se encontraba aislada y sola, añorando a su amado en el fresco cielo nocturno. Así que, de vez en cuando, elegía a una joven pura para que se uniera a ella en los cielos como estrella.

Una niña, llamada Naiá, anhelaba unirse a Jaci y convertirse en una de sus doncellas celestiales. Vagó por los claros del bosque y las montañas, buscando a la luna con la esperanza de persuadirla, pero nunca pudo encontrarla. A medida que pasaba el tiempo, Naiá se negaba a comer. Preocupada por su búsqueda, empezó a consumirse.

Una noche, se despertó y vio la luna reflejada en un lago. Como en un sueño, se lanzó al agua con los brazos extendidos como para abrazar a la luna y se ahogó.

Jaci vio lo ocurrido y se sintió conmovida por el sacrificio de la niña. Decidió concederle un honor único, permitiéndole vivir para siempre entre el agua y el cielo. Naiá se convirtió en la «estrella del agua», el nenúfar amazónico (*Victoria amazónica* o *Vitória-Régia*), una flor blanca gigante que solo dura cuarenta y ocho horas. Abre sus pétalos de color blanco lechoso la primera noche y luego cambia de color a un rojo violáceo cuando vuelve a abrirse la segunda noche. Esta es Naiá, abriendo los brazos para bañarse en la luz de la luna.

En el periodo en que el día se convierte en noche, las mujeres piden tradicionalmente a Jaci que proteja a sus hombres que salen de caza nocturna. Ella anima a estos cazadores a volver rápidamente a casa con sus esposas, despertando de nuevo su amor por ellas mientras están fuera. En algunas versiones de esta historia, el dios del amor, Rudá, estaba acompañado por Cairé, la luna llena, y Caititi, la luna nueva. Estas eran las épocas en las que los amantes debían de unirse.

El dios tupí del inframundo era Añangá, que también era el protector de los animales. Ceuci era la diosa de los campos y las viviendas, y Sumé el dios de la agricultura y la disciplina.

Los guaraníes son otro grupo indígena de Sudamérica. Se distinguen de los tupíes por el uso de la lengua guaraní y eran más prominentes en las regiones meridionales de Brasil, Paraguay, Argentina y Bolivia. Su mito de la creación comienza con el matrimonio de Tupã con la diosa de la luna Arasy. Con su ayuda, bajó a la Tierra para crearlo todo: los mares, los ríos, los bosques y las montañas. Después vinieron todos los seres vivos y, finalmente, Tau, el espíritu del mal, y Angatupyry, el espíritu del bien.

Los primeros humanos creados por Tupã fueron Rupave y Sypave. Tupã fue bueno con ellos y les ayudó a aprender habilidades esenciales para la vida, como cazar, construir refugios y cómo se podían utilizar ciertas plantas para comer o curarse. Los animó a tener muchos hijos juntos. Su segundo hijo, Marangatú, se convirtió en un gran líder de la humanidad. Tuvo una hermosa hija llamada Kerana. Cuando el espíritu maligno Tau vio a la encantadora Kerana, estaba decidido a tenerla. Así que se transformó en un apuesto desconocido para seducirla. Sin embargo, cuando llegó a su casa, Angatupyry lo estaba esperando, habiéndose dado cuenta de sus malas intenciones.

Durante siete días, los espíritus buenos y malos lucharon hasta que Tau fue derrotado y el bien prevaleció. Pytajovái, el dios del valor y los guerreros, lo exilió. Todo parecía ir bien hasta que el malvado Tau regresó en plena noche y secuestró a Kerana.

Juntos, Tau y Kerana tuvieron siete hijos, pero Arasy se horrorizó ante el secuestro de Kerana y los maldijo a todos. Se convirtieron en seres horribles. El mayor era Teju Jagua, un lagarto gigante con siete cabezas de perro cuyos ojos ardían en fuego. Tupã consiguió domesticarlo y lo convirtió en el espíritu de las cuevas. Solo comía fruta y miel, y llevaba una vida tranquila, guardando los tesoros que se encontraban en las cavernas. Teju Jagua era casi inmóvil debido al peso de sus numerosas cabezas de perro. Se revolcaba en sus oscuras moradas subterráneas, de forma que los fragmentos de oro, plata y gemas de colores se pegaban a su piel escamosa.

El segundo hijo, Mbói Tu'ĩ («loro serpiente»), se convirtió en una enorme serpiente con cabeza de loro y una lengua bífida de color rojo sangre. Tenía la cabeza cubierta de plumas y su violento graznido podía oírse a kilómetros de distancia. Cualquiera que se cruzara con él estaba destinado a la mala suerte. Se convirtió en el protector de todas las criaturas acuáticas y de las tierras pantanosas.

Moñái, el tercer hijo de Tau y Kerana, se convirtió en el dios del aire y de los campos abiertos. Tenía el cuerpo retorcido de una serpiente y dos cuernos en forma de antenas en la cabeza. Su mirada era mesmerizante e hipnótica, y se enroscaba alrededor de los árboles para capturar pájaros y comérselos.

Jasy Jateré, el cuarto hijo, es descrito a menudo como una especie de duende o gnomo. Su nombre significa «pequeño trozo de luna», y esto se manifestaba en su lustroso cabello pálido. Tenía unos sorprendentes ojos azules y a menudo portaba un bastón mágico. Llevaba sombrero, pero por lo demás iba desnudo. Su sombrero potenciaba sus poderes, que eran desagradables y perturbadores. Silbaba como un pájaro para atraer a los niños y luego los secuestraba. Los llevaba a una remota zona montañosa donde jugaba con ellos y les daba de comer miel o frutas dulces. Luego, cuando se disponía a abandonarlos, los lamía o besaba, dejándolos sordos, sufriendo convulsiones o provocándoles alguna otra afección debilitante de larga duración. En algunas versiones, prefería ahogar al desafortunado niño. Los guaraníes decían que podía quedar indefenso si se le atiborraba de bebida y si se le arrebataba su bastón. Si esto ocurría, sollozaba lastimosamente, como uno de los niños a los que había atraído.

En otras versiones de la historia de Jasy Jateré, este busca a los niños que no duermen la siesta. Como tal, se le convirtió en el espíritu de la siesta y guardián de la yerba mate, una planta originaria de Sudamérica que se puede remojar en agua para hacer una bebida comparable al té. Esta bebida era muy popular entre los guaraníes y algunas comunidades tupíes antes de la colonización de la región. En estos cuentos, Jasy Jateré era un villano de cuidado útil para advertir a los niños que se negaban a dormir la siesta de la tarde.

Kurupi, el quinto hijo, era el espíritu de la fertilidad, la sexualidad y la lujuria. Otro ser bajo con apariencia humana, era peludo y feo y tenía un pene extremadamente largo. Su pene era tan largo que tenía que enrollárselo varias veces alrededor de la cintura como un cinturón. A menudo se lo encontraba merodeando por el bosque, con movimientos torpes y desgarbados, quizá debido a la incomodidad de su extraña deformidad. Asaltaba a cualquier mujer que se atreviera a caminar sola por allí. La dejaba muerta o embarazada tras sus atenciones. Por la noche, se atrevía a robar en las aldeas. Su pene era capaz de abrirse paso a través de puertas, ventanas y otras aberturas, lo que le permitía llegar hasta las mujeres dormidas, a las que dejaba embarazadas.

Muchos embarazos inexplicables (mujeres solteras y algunas que no habían tenido relaciones con sus maridos) se achacaban a Kurupi. Se esperaba que los niños que supuestamente había engendrado se parecieran a él. Serían bajos, morenos, feos y peludos. A veces, los niños que se ajustaban a esa descripción eran objeto de burlas, y otros decían que eran hijos o hijas de Kurupi.

El hijo más violento y salvaje, Ao Ao, era una criatura parecida a una oveja con enormes garras y enormes colmillos, que utilizaba para desgarrar la carne humana. También se lo ha comparado con un pecarí, mamífero porcino sudamericano que puede ser más agresivo que una oveja, especialmente cuando protege su territorio o a sus crías. Ao Ao recibió su nombre por el espantoso aullido que emitía y que alertaba a la gente de su presencia. Una vez que se había fijado en una víctima, la única forma de escapar era subirse a una de las palmeras sagradas para los guaraníes.

Ao Ao alimentaba de vez en cuando a los niños secuestrados por su hermano Jasy Jateré, y también se lo asocia con la reproducción, ya que fue padre de varios niños.

El séptimo y más joven de los hijos, Luisón (o a veces Lobizón), era una especie de hombre lobo. En su encarnación más temprana, representaba la muerte, ya que se alimentaba de carne podrida y merodeaba por los camposantos y cementerios. Si alguien sentía el frío contacto de su pata, moría poco después.

Afortunadamente para los guaraníes, no tuvieron que temer a esta asquerosa familia para siempre. Estos siete hermanos tenían una historia sobre su desaparición. El tercero de los hermanos, la serpiente Moñái, era un ladrón muy astuto. Robaba en las aldeas y escondía su botín en una cueva. Las comunidades a las que robaba se culpaban unas a otras de sus incursiones y lucharon amargamente entre ellas hasta que se dieron cuenta de quién era el verdadero ladrón. Una hermosa joven, Porâsí, se ofreció a ayudar a poner fin a sus fechorías y a sus viles hermanos al mismo tiempo. Coqueteó con Moñái y consiguió convencerlo de que se había enamorado de él. Antes de que pudieran casarse, ella pidió conocer a los hermanos de él.

Se quedó con Teju Jagua mientras Moñái iba a reunir a sus hermanos para la ceremonia. Cuando todos se reunieron en la cueva del hermano mayor, Porâsí se aseguró de que cada uno de ellos tuviera abundante bebida. Pronto, estaban completamente ebrios. Intentó escabullirse con la intención de sellar la cueva con una gran piedra, dejando a los horribles hermanos dentro, pero Moñái la agarró. Gritó para alertar a la gente que esperaba fuera con la gran piedra y les dijo que cerraran la cueva con ella dentro, sacrificándose.

Los monstruosos hijos de Tau y Kerana ya no existían. Angatupyry levantó el alma de la valerosa Porâsí de la oscura cueva donde había muerto y la convirtió en la estrella de la mañana para recordar al pueblo su sacrificio.

El pueblo Xingu, que hoy habita parte de Mato Grosso, un estado del centro de Brasil, al sur de la selva amazónica, cuenta una triste historia sobre la creación del primer hombre, Mavutsinim, que vivía completamente solo. Se sentía desesperadamente solo hasta que transformó una concha (o una almeja) en una mujer y se casó con ella. Con el tiempo, tuvieron un hijo. Mavutsinim se lo llevó para viajar y cazar con él. La madre del niño quedó desolada. Lloró desconsoladamente y regresó a su laguna para convertirse de nuevo en concha. Esta historia se considera a menudo una alegoría del círculo de la vida, en particular para las mujeres. Nace, abandona el hogar familiar para casarse y ser madre, siente una gran pérdida cuando sus hijos crecen y abandonan el hogar, y finalmente muere. La desconsideración o crueldad de Mavutsinim hacia su concha o esposa es un presagio de la misoginia a la que se enfrentaban las mujeres en épocas menos ilustradas.

En el estado de Pará, situado en el norte de Brasil, los indígenas arará hablan de Akuanduba, su creador. Existió en una época en la que el cielo y el agua estaban separados solo por una pequeña concha. En aquella época, los humanos eran las estrellas del cielo y llevaban una existencia sencilla comiendo, bebiendo y durmiendo. Cuando esta gente de las estrellas empezaba a comer, beber o dormir en exceso, alteraban el equilibrio natural y Akuanduba tocaba su flauta mágica para que se restableciera el orden.

Como los humanos carecen de autodisciplina y sentido común y no pueden ver lo que es mejor para ellos, esta existencia pacífica llegó a su fin cuando los habitantes de las estrellas empezaron a robarse egoístamente unos a otros. Esto degeneró en tanta rabia y resentimiento, que no pudieron, o más bien no quisieron, escuchar las notas conciliadoras de la flauta de Akuanduba. El cielo se rompió y la luna y todo el pueblo de las estrellas cayeron al agua.

Los ancianos de las estrellas y los niños pequeños se ahogaron o murieron por el impacto de la caída. Los pájaros se alarmaron al ver el desastre y un curica (un loro) consiguió hacerse con la luna y la arrastró de vuelta a los cielos. Se dice que una pequeña hendidura dejada por su pico aún puede verse a veces en la superficie de la luna. Los loros se abalanzaron sobre el agua, recogieron a algunos de los supervivientes y los devolvieron a los cielos, donde siguieron existiendo como estrellas.

Sin embargo, el agua estaba llena de espíritus malignos y los supervivientes empezaron a experimentar una miseria que nunca habían vivido como estrellas bajo la tutela de Akuanduba. Este había perdido el interés en ayudarlos y se había transformado en un terrible jaguar negro que acechaba a la gente.

Con el tiempo, el pueblo consiguió formar una comunidad con la ayuda de las criaturas de la tierra. Los perezosos les enseñaron a festejar y los guacamayos hicieron fuego para ellos. Descubrieron los animales y plantas comestibles del bosque y aprendieron a construir y tejer. Incluso fabricaron flautas para poder hacer música y cantar como cuando eran estrellas en el cielo.

Los arará se convirtieron en grandes guerreros y cazadores, y siempre se mostraron agradecidos y respetuosos con las aves que los salvaron. El nombre arará significa «pueblo de los guacamayos rojos» (la palabra tupí para guacamayo es *arà*).

La etnia indígena yanomami de la región norte del estado de Amazonas habla de un dios con forma de pájaro llamado Omam (u Omai) que creó el mundo. Lo mantenía y reparaba añadiendo capas de naturaleza, como las nubes, el cielo y los mares. Cuando estuvo satisfecho, fue a pescar al océano para apreciar lo que había hecho. Allí encontró a una mujer. Cuando hubo «liberado» sus órganos sexuales utilizando dientes de piraña, la convirtió en la madre de todo el pueblo.

El pueblo baniwa, que vive junto al río Içana en las fronteras de Brasil, Colombia y Venezuela, tiene un mito extremadamente complejo sobre el origen del mundo. Al principio de los tiempos, la tierra era muy pequeña y todos los animales y las personas vivían en el caos. Los animales eran feroces y salvajes. Un día, el amo de los animales devoró a uno de ellos y luego arrojó al río uno de los huesos de sus dedos.

Una anciana emparentada con esta persona lloró tan amargamente su pérdida que el amo de los animales (a veces llamado Enumhere) le permitió ir a buscar este hueso. En su interior había tres pequeños camarones llamados Nhiãperikuli («El que está dentro del hueso»). La anciana se llevó el hueso a su casa y lo alimentó. Las gambas se transformaron en grillos. Cuando ella los alimentó, empezaron a cantar y a crecer. Bajo sus cuidados, cada día eran más grandes y acabaron convirtiéndose en humanos.

Estos Nhiãperikuli empezaron a cambiar el mundo. Introdujeron el orden y, cuando estuvieron listos, se vengaron de los animales salvajes que habían devorado a la familia de la anciana.

El amo de los animales estaba furioso con este nuevo mundo, pero disimuló astutamente sus verdaderos sentimientos y pidió a los hermanos que le ayudaran a establecer un jardín. Mientras inspeccionaban la zona, prendió fuego a los bordes de la tierra. Pronto se produjo una enorme llamarada. Cada hermano hizo un agujero en uno de los árboles de embaúba y se metió en ellos. Cuando las llamas alcanzaron estos árboles, explotaron y los Nhiãperikuli volaron por los aires. Esto los hizo inmortales.

Los tres hermanos tuvieron juntos un hijo llamado Kuwai. Su cuerpo estaba lleno de agujeros y encerraba todos los elementos naturales del mundo. Amaru, la «primera» mujer (la anciana que nutrió a los Nhiãperikuli aparentemente no contaba), apareció más o menos al mismo tiempo.

Dentro de Kuwai estaba todo lo que hace que el mundo sea como es: las vistas, los sonidos, los olores y los sabores. A medida que estas cosas se liberaban de él, el mundo crecía hasta alcanzar su tamaño real. Además de poblar la tierra con todos los elementos conocidos —espíritus, animales, enfermedades, canciones y los sonidos del bosque—, se dirigió a la gente y les explicó la naturaleza de la existencia.

En este punto, esta historia de origen común se entrelaza con el mito de otro personaje importante de la mitología brasileña, Yuparí. Sin embargo, en la tradición del pueblo baniwa, Kuwai se convirtió en un monstruo para devorar a tres muchachos desobedientes que habían roto su proceso de iniciación comiendo nueces tostadas. Después, los Nhiãperikuli empujaron a Kuwai a un infierno, lo que hizo que la tierra volviera a contraerse a su tamaño más pequeño.

Los chamanes, o *pajé*, de la región cuentan que este no fue en absoluto el final de Kuwai. Se retiró al centro del mundo para convertirse en el amo de la enfermedad. Todas las enfermedades, dolencias y malas condiciones de salud se generaron a partir de sus restos terrenales y envenenaron el entorno. Su cuerpo espiritual estaba cubierto de un espeso pelaje negro como el del perezoso. Cuando se encontraba con las almas de los enfermos, las envolvía en sus brazos —del mismo modo que el perezoso— y les exprimía el aliento mientras los *pajés* negociaban frenéticamente con él con la esperanza de que permitiera a su desafortunado paciente seguir viviendo.

De entre las cenizas del enorme incendio que había destruido la presencia física de Kuwai, el pueblo encontró pipas y trompetas sagradas. Los Nhiãperikuli indicaron a los hombres que tocaran estos instrumentos en las ceremonias sagradas, pero las mujeres sintieron envidia y los robaron. Mientras huían, tocaron las gaitas y el mundo volvió a abrirse. Nhiãperikuli y los hombres, en forma de animales salvajes, las cazaron para recuperar los instrumentos.

Posteriormente, los Nhiãperikuli dieron lugar a un grupo de personas procedentes del río Aiari. Estos serían los antepasados de la raza humana.

El universo, en este sistema de mitos baniwa, está dividido en múltiples capas, desde cuatro (Wapinakwa, «El lugar de los huesos», Hekwapi, «Este mundo», Apakwa Hekwapi, «El otro mundo», y Apakwa Eenu, «El cielo del otro mundo») hasta veinticinco: doce por encima de la llanura humana y doce por debajo. Kuwai es colocado (por los *pajé*) con los otros espíritus con los que comparten contacto, como los espíritus pájaros que les ayudan a encontrar almas perdidas en algún lugar de Apakwa Eenu.

Los Nhiãperkuli seguían siendo el ser supremo. Eran los responsables del corazón del mundo y existían en Dio, una llanura celestial donde no hay sufrimiento ni enfermedad. Con ellos vive Kamathawa, el águila arpía, un símbolo que ha llegado a representar a los chamanes y a los *pajé* en toda Sudamérica.

A Kamathawa se lo considera un centinela encargado de custodiar la sabiduría de Nhiãperkuli y los conocimientos de la medicina sagrada guardados en los cristales. En las ceremonias tradicionales, los *pajé* utilizan plumas de águila arpía para barrer y despejar los cielos con el fin de ver dentro de estos cristales e influir en el tiempo cuando la estación de las lluvias es excesiva.

Algunos creen que Kamathawa es el hermano menor de los Nhiãperkuli y que fue asesinado por unos seres malévolos. Cuando se disponían a comerse su cuerpo (habiéndolo convertido en un gran bagre), el Nhiãperkuli se transformó en avispa y consiguió recuperar el corazón de Kamathawa, que cocinó. Mientras el agua hirviendo burbujeaba y formaba espuma, empezaron a salir de ella halcones, cada uno más grande que el anterior. Finalmente, emergió la gran águila arpía y voló en círculos sobre su cabeza.

Los Nhiãperkuli dieron a esta águila Kamathawa grandes troncos para transportar. Tras recuperar su fuerza, se vengó matando y comiéndose a los enemigos que lo habían matado en su forma anterior.

Los desana (o dessana) de la cuenca del río Negro creían que todos los humanos descendían de un ser, Yebá Bëló, la «abuela del universo». Apareció de la nada y vivía en una maravillosa estructura resplandeciente hecha de cuarzo. Otros mitos tribales la describen creando el sol y a las personas a partir de sus hojas masticadas de ipadu (las hojas de la coca, una planta herbácea utilizada como estimulante y en medicina). En otra versión, tomó una semilla de tabaco de su seno izquierdo y la fecundó con leche de su seno derecho para formar la tierra.

Creó a cinco hombres del trueno que debían formar a los primeros seres humanos, pero cuando fracasaron, Yebá Bëló creó a Yebá Gõãmu, el «gran nieto del mundo» y luego a su hermano, Umukomahsu Boreka.

Los dos partieron con el tercer hombre del trueno para crear la humanidad. El hombre del trueno se transformó en serpiente y se deslizó por el lago de Leche hasta llegar al fondo. Entonces, en forma de canoa, llevó a los hermanos a este lugar encantado, y cogieron todas las cosas preciosas que pudieron encontrar en el mundo. Construyeron viviendas y sus objetos preciosos se transformaron en personas. Yebá Gõãmu les insufló vida. El hombre del trueno indicó a estos primeros hombres que fueran a coger una hoja del árbol ipadu y se la comieran. Cuando sintieran dolor en el vientre, se les dijo que encendieran una vara de fuego y la mojaran en una calabaza de agua antes de beberla. Después, debían vomitar en un lugar muy concreto. Una vez hecho esto, los primeros hombres vieron que habían dado a luz a dos hermosas mujeres. Estas personas serían los antepasados comunes de toda la humanidad.

La canoa del hombre del trueno transportó a todas las personas que habían sido creadas hasta la superficie del lago. Pisaron tierra cerca de una cascada. Yebá Gõãmu permaneció en la canoa para crear a los jefes de las seis primeras tribus, incluido Boreka, el jefe de los desana. Les dio a cada uno de ellos ciertos poderes y tesoros encantados para que sus pueblos vivieran en armonía como vecinos.

De forma reveladora, el séptimo ser que creó fue el hombre blanco, nacido con un rifle en la mano. Yebá Gõãmu no le dio ningún otro regalo, dijo que no los necesitaba. Yebá Gõãmu sabía que era intrépido y despiadado y que iniciaría guerras para robar lo que quisiera a los demás. Cuando este hombre blanco abandonó el lago, disparó su arma y, sin mirar atrás, partió hacia el sol, dispuesto a tomar lo que quisiera por la fuerza.

Los kamayurá, del noreste de Brasil, cerca de la desembocadura del Amazonas, cuentan que al principio no había luz, ya que los rayos del sol se limitaban al reino de los pájaros en el cielo. Los pueblos que existían en la tierra vivían en una oscuridad eterna hasta que el dios del sol, Kuat, se preguntó por qué su gloriosa luz no beneficiaba a todos.

El dios de la luna, Iae, le dijo que era porque Urubutsin, el rey bicéfalo de los buitres, se había apoderado de ella y había tejido las copas de los árboles con tanta fuerza que podía guardarla exclusivamente para los pájaros.

Kuat e Iae resolvieron engañar a Urubutsin, y convencieron al rey de las moscas para que llevara la efigie de un cadáver a las orillas del Amazonas y lo llenara de gusanos. El zumbido de las moscas llamó la atención de Urubutsin. Mirando hacia abajo desde su elevada percha, pudo ver que la efigie tenía unos ojos brillantes y relucientes. Él y sus súbditos bajaron volando a investigar y, al encontrar los jugosos gusanos, se atiborraron de ellos con fruición.

Kuat e Iae se habían escondido en la efigie de otro cuerpo. Cuando Urubutsin se acercó, se agarraron a su pie y se negaron a soltarlo. Todos los cobardes súbditos de Urubutsin huyeron rápidamente, dejándole pocas opciones, salvo negociar su libertad. Tras algunas discusiones, se acordó un trato. La luz sería compartida, pero cada noche prevalecería la oscuridad y la luna vigilaría el mundo.

La historia de Iemanjá es un mito de la creación procedente de la religión africana Candomblé, que fue llevada a Brasil por los esclavizados de África Occidental y se entremezcló con el cristianismo.

Este cuento comienza en un mundo de luz perpetua. No había amaneceres, ni atardeceres, ni criaturas nocturnas, ni noches frescas. Solo había luz solar cálida y brillante.

La diosa Iemanjá vivía en las profundidades del mar. Una de sus hijas se enamoró de uno de los hombres que vivían en tierra firme y abandonó a su madre para casarse con él. Al principio, era muy feliz y amaba a su marido y su reluciente nuevo entorno. Pero al cabo de un tiempo, el resplandor interminable del sol se volvió demasiado para ella e hizo que le dolieran los ojos y la cabeza. Ansiaba volver con su madre, donde las oscuras y frescas aguas la calmarían.

Su marido estaba muy preocupado al ver a su esposa tan infeliz y enferma. Así que, cuando ella le habló del reino de Iemanjá, envió a tres de sus hombres a rogar a la diosa un poco de oscuridad fresca para su esposa.

Los hombres recorrieron el peligroso viaje bajo el agua y finalmente llegaron al reino de Iemanjá. Se postraron ante ella, rogándole un poco de la oscuridad que ansiaba la esposa de su amo. En cuanto la diosa se dio cuenta de que su hija estaba sufriendo, les dio una gran bolsa de su oscuridad submarina y les dijo que se la llevaran rápidamente, pero les advirtió que no la abrieran porque la había llenado de espíritus nocturnos. Solo su hija sería capaz de controlarlos.

Los tres hombres arrastraron la bolsa por el agua hasta tierra firme. Una vez allí, la bolsa empezó a emitir sonidos extraños. Mientras la llevaban sobre sus cabezas, empezaron a asustarse. Los chillidos y aullidos de los espíritus nocturnos no se parecían a nada que hubieran oído antes.

El primer hombre estaba tan aterrorizado que no podía dejar de temblar. El segundo sugirió que tiraran la bolsa en algún sitio y huyeran. El tercer hombre propuso que si echaban un vistazo rápido dentro de la bolsa, verían lo que estaba haciendo los espantosos ruidos y ya no tendrían miedo. Desprecintó la bolsa con cuidado, pero antes de que pudiera echar un vistazo, todos los insectos, pájaros y criaturas nocturnas salieron de ella en tropel y las estrellas saltaron al cielo.

Los hombres huyeron presas del pánico, pero afortunadamente, la hija de Iemanjá estaba esperando en la orilla. Ella saludó a los espíritus de la noche. La oscuridad descendió por todas partes y las criaturas calmaron sus ruidos hasta que solo hubo un suave zumbido. El mundo se sentía fresco y suave, y brillaba a la luz de la luna.

La hija de Iemanjá se durmió y se despertó, sintiéndose aliviada y bien de nuevo. Su marido estaba encantado de ver a su esposa feliz. Como la noche se había establecido en su nuevo hogar, la hija de Iemanjá hizo tres regalos a la gente de la tierra. El primero fue la estrella de la mañana, para que pudieran ver cuándo terminaba la noche. Luego dio al gallo la tarea de llamar cada amanecer para saludar a la luz del día. Finalmente, los pájaros acordaron que cantarían sus más bellos cantos cada mañana para celebrar cada nuevo día. Este periodo de la madrugada, cuando sale el sol, se reconoció como un tiempo especial de renovación y refrescamiento.

Capítulo dos - Espíritus superiores

Muchos de los pueblos indígenas de Brasil comparten historias de espíritus, apariciones de personas que han pasado a otro mundo después de la muerte o que son la esencia que compone el alma misma de los humanos o los animales. Se trata, en cierto modo, de un término comodín que puede incluir dioses, fantasmas y entidades con poderes más allá del ingenio y la comprensión de hombres y mujeres. Los espíritus son buenos, malos o ambas cosas a la vez. A veces, incluso están más allá de esos conceptos arbitrarios. Un buen ejemplo de ello es el culto Yuparí, que se encuentra entre casi todos los pueblos indígenas del noroeste de la Amazonía y se conoce con varios nombres, entre ellos Yurupary y Kowai. Es especialmente frecuente en las comunidades arahuacos del río Negro y del río Uaupés.

La diosa tupí-guaraní de las cosechas y las viviendas, Ceuci, era originalmente una joven encantadora que vivía en una aldea donde crecía un árbol especial. Tupã había dado instrucciones estrictas para que las mujeres que vivían allí tuvieran prohibido comer su fruto durante sus periodos fértiles.

Ceuci descansaba a la sombra del árbol un día caluroso y no pudo resistirse a probar uno de sus suculentos mapati, una fruta dulce y jugosa parecida a una uva (o un caimito o una cucura, según el lugar de la historia). Al morderla, el jugo corrió de la pulpa por su cuerpo y entre sus muslos.

Poco después, se dio cuenta de que estaba embarazada. Los ancianos de su comunidad estaban consternados, ya que no tenía marido ni pareja, y se esforzaban por entender cómo podía haber concebido un hijo. Decidieron desterrarla de la aldea, así que Ceuci se marchó para tener a su bebé por su cuenta.

Algunas versiones de esta historia son más terrenales, extrañas y gráficas. Existe la sugerencia de que Ceuci había quedado embarazada a través de una relación incestuosa con un elemento, posiblemente el sol, la luna o el trueno. Como no tenía vagina, el parto solo se completó cuando fue atravesada por un pez particular.

Llamó a su hijo Yuparí, y fue un niño notable y precoz. A los diez años, los ancianos del pueblo que habían exiliado a su madre escuchaban sus ideas y reconocían la sabiduría de sus enseñanzas. Pero el joven Yuparí, según diferentes historias de origen, no tenía boca y existía a base de humo de tabaco. Podía comunicarse mediante gestos o emitiendo ruidos espantosos y aterradores desde los agujeros de su cuerpo. No siempre era (al menos del todo) humano; a veces, era un mono con cabeza de hombre o una manifestación de algún tipo de planta o árbol.

De cualquier forma, rápidamente impuso su influencia y ayudó a la gente del pueblo a comprender el orden de la naturaleza. También introdujo una serie de rituales y ritos para los hombres. Dejó muy claro que ninguna mujer debía presenciar estas ceremonias sagradas. Ceuci, su madre, no pudo resistirse a espiar esta ceremonia, aun sabiendo que estaba prohibida y castigada con la muerte.

Entró en la aldea, pero en cuanto Yuparí y los hombres se hubieron reunido, Tupã envió un rayo que la mató instantáneamente. Yuparí fue llamado hacia ella, pero sabía que había muerto porque había violado las reglas sagradas. Rezó a Tupã para que la recompensara por su devoción a su hijo y su ejemplar maternidad. De repente, su cuerpo pareció llenarse de luz al elevarse desde el suelo hasta el cielo, donde se convirtió en la estrella más brillante de la constelación de las Pléyades. Permaneció allí, dijo sabiamente Yuparí a su pueblo, para recordarles que debían respetar las leyes que él estaba introduciendo.

Yuparí es un personaje inusual en la mitología brasileña. A pesar de todo lo que promete en la historia de Ceuci, se lo conoce generalmente como el demonio de los sueños y un presagio de mala fortuna. En algunas leyendas, es una presencia malévola y maligna que a veces asfixia a la gente cuando lucha por despertar de las pesadillas.

Los habitantes del Alto Xingu cuentan cómo Yuparí revisó la ceremonia de iniciación masculina, introduciendo finos trajes y nuevos rituales. Los muchachos que estaban listos para unirse al culto fueron enviados a recoger frutas para los procedimientos. Aunque se les advirtió que no comieran ninguna, desobedecieron estas instrucciones y asaron y comieron algunas de ellas. Yuparí estaba furioso. Invocó a los cielos y creó una terrible tormenta eléctrica, durante la cual los muchachos corrieron a refugiarse en una cueva que habían encontrado. Por desgracia para ellos, en realidad era la boca de Yuparí. (En algunas historias, era su ano.) Yuparí no tardó en devorarlos a todos.

Uno de los chicos más jóvenes y pequeños llegó demasiado tarde para entrar en la «cueva». Solo él sobrevivió para contarlo. Enterados del espantoso destino que les había deparado a sus hijos, los padres de los muchachos desobedientes juraron vengarse y planearon matar a Yuparí. Repleto tras la cena de los jóvenes, Yuparí se había ido a descansar a las montañas (o al cielo), pero cuando los aldeanos le ofrecieron un poco del fino licor que habían destilado, no pudo resistirse a unirse a la fiesta.

Cuando llegó esa noche, vomitó los restos de los muchachos que había comido en grandes cestas de fruta que se habían preparado para el festín y luego se unió a los aldeanos, bailando y cantando mientras consumía copiosas cantidades de su exótica y potente bebida.

Pero cuando el sol se asomó por el horizonte, la gente lo arrojó a una hoguera, sabiendo que era la única forma de matarlo. Aunque ya no existía (aparte de sus actividades nocturnas como demonio del sueño), las cenizas de su carne crearon toda una serie de molestias: serpientes, hormigas urticantes y muchas otras criaturas venenosas. Las cenizas de su esqueleto también hicieron surgir la palma paxiúba, el enorme «árbol andante» que parece elevarse de sus raíces expuestas, semejantes a tentáculos.

Se fabricaban pipas con estas raíces, y la inquietante música que producían era desde entonces la voz de Yuparí. Se decía que los otros elementos utilizados en los rituales (como la cera de abeja y el tabaco) eran su lengua, su cerebro y otros órganos.

Algún tiempo después, el sol ordenó a los hombres que realizaran la ceremonia de Yuparí, pero eran demasiado perezosos y no se molestaron en sacar las pipas de palma paxiúba del agua. En cambio, se durmieron. Las mujeres, sin embargo, encontraron los instrumentos y tocaron la música sagrada. El sol no las castigó, sino que invirtió el orden natural en la aldea. Los hombres hicieron todo el trabajo y tuvieron hijos, mientras que las mujeres se dedicaron a los rituales sagrados de Yuparí.

Los hombres encontraron esta situación insostenible. Atacaron a las mujeres con látigos y las maltrataron hasta que gritaron de frustración. Una vez que los hombres recuperaron el control, hicieron menstruar a las mujeres como señal de su sumisión. Fue entonces (al menos en esta versión del mito) cuando el instrumento sagrado se convirtió en tabú para las mujeres. Cualquier mujer que intentara tocar estos instrumentos o incluso intentara fabricar algo similar era condenada a muerte por envenenamiento. Una vez dictado el veredicto, se esperaba que la mujer tomara una calada letal voluntariamente, pero si se negaba, era ejecutada.

Los desana eran uno de los grupos étnicos que practicaban los rituales de iniciación Yuparí que se desarrollaron a partir de este mito. Durante el día, se prohibía a las mujeres y a los niños entrar en la casa larga de la aldea, mientras los hombres recogían frutas de la selva y tocaban sus pipas para expresar su agradecimiento por los abundantes dones de la naturaleza, en particular, la abundancia de pescado. Por la noche, la música cesaba y se invitaba a las mujeres a entrar para beber *yage* (ayahuasca), un preparado alucinógeno tradicional, y bailar. A veces, los hombres azotaban a las mujeres y a los niños para ayudarles a hacerse fuertes y resistentes.

La ceremonia de iniciación para los jóvenes que se acercaban a la edad adulta consistía en darles hojas de coca (la planta de la que se produce la cocaína), rapé y *yage*. Después, eran azotados. Cuando se los consideraba preparados, se reunían elementos que se decía que se habían formado a partir de las cenizas de Yuparí para formar una aproximación a su cuerpo. Dos hombres vestidos con trajes ceremoniales completos (que representaban a Yuparí) les mostraba las pipas sagradas. Tras sufrir otra flagelación, eran llevados al río, donde se vertía agua sobre sus cabezas en una ceremonia que recordaba a un bautismo.

A continuación, los jóvenes debían pasar varias semanas completamente independientes de las mujeres, aprendiendo tareas tradicionales exclusivas de la comunidad masculina, como tejer cestas y consumir solo alimentos y bebidas frías. Este periodo formativo terminaba cuando los jóvenes presentaban a sus parientes femeninas las cestas que habían fabricado. Se celebraba un festival durante el cual estos jóvenes bebían bebidas muy calientes y consumían chiles picantes.

Añangá, que significa «alma antigua», es otro dios o espíritu que forma parte de las mitologías de varios grupos étnicos, pero que es incoherente en cuanto a su función y propósito.

En la cultura tupinambá, Añangá es un cambiante que impide a los muertos pasar al otro mundo. En ocasiones atormenta y tortura a los vivos. Su presencia era de lo más preocupante cuando se preparaba un cuerpo recién fallecido con los ritos sagrados para su viaje a Guajupiá, la «tierra sin males». Se dejaban ofrendas para Añangá junto al fuego que se había encendido para calentar el cuerpo del difunto, así como los alimentos necesarios para su sustento. Estas hogueras seguirían encendidas durante muchos años por los descendientes del difunto para ayudar a mantener esas almas a salvo de la atención de Añangá.

Los mawé (o sateré), nativos del Amazonas, consideran al Añangá un demonio con malas intenciones. Creen que es capaz de maldecir, secuestrar y matar a voluntad. Como Añangá puede adoptar diferentes formas, confían en su pavor al agua. Creen que los espíritus que protegen los ríos ayudan a repelerlo.

Sin embargo, en la mitología tupí, Añangá es un genio de la selva y suele aparecer como un poderoso ciervo blanco con ojos rojos que arden y cuernos afilados. Sin embargo, también puede ser un armadillo, un buey, un pez arapaima o incluso un hombre. Protege vigilante su hábitat y castiga a quienes le causan daño, sobre todo si dañan a las hembras y a sus crías. A veces, es invisible y embiste contra los cazadores, atacándolos físicamente. A veces, los somete a un hechizo que los vuelve locos. Había rituales para mantenerlo a raya, sobre todo cuando los cazadores tupis tenían que ir a la selva para alimentar a su pueblo. Dejaban ofrendas (generalmente tabaco y licor) o quemaban anacardos. También hacían cruces con madera de los árboles del bosque para disuadir a Añangá, una práctica que probablemente estuvo muy influenciada por los colonizadores o misioneros europeos.

El personaje más icónico del folclore brasileño es el espíritu conocido como Saci o Sací pererê. No es un dios ni un demonio, sino un joven negro con una sola pierna. Siempre se lo ve con un gorro rojo y a menudo fuma en pipa. Es una entidad traviesa y descarada a la que le encanta gastar bromas y trucos para divertirse.

Saci es rápido a pesar de su discapacidad. Hace malabarismos con brasas ardientes y puede montar a caballo o, más a menudo, en los torbellinos tropicales conocidos como diablos de polvo. Cuando aparece, los cocineros descubren que les han cambiado el azúcar por sal, que hay moscas en la sopa y que la leche se ha vuelto agria. Otros descubren que sus posesiones más útiles o preciadas han desaparecido y que las agujas han perdido su filo. Se oyen ruidos extraños y alarmantes de animales en plena noche; es como si alguna bestia horrible merodeara por el pueblo.

Otros dicen que su baile giratorio provoca los diablos de polvo. Si se lanza un rosario con cada cuenta bendecida individualmente a un demonio de polvo, tal vez sea posible capturar a Saci. Entonces concederá todo tipo de favores y suerte a su captor con la condición de que se lo trate bien. Si Saci es tratado con crueldad, se convertirá en un enemigo vengativo.

Si arrojar un rosario a un tumulto giratorio de tierra resulta demasiado difícil, también se puede atrapar a Saci en un gran colador. Para retrasar su avance, se puede dejar una cuerda llena de nudos apretados y complicados, ya que esto lo distraerá durante varias horas. No podrá resistirse a desatarlos y no descansará hasta haber deshecho todos y cada uno de los nudos.

Los que quieren hacerse querer por Saci le dejan regalos, normalmente tabaco o *cachaça*, un licor fuerte elaborado con caña de azúcar fermentada, para evitar su atención. A quien sea lo bastante valiente como para robar el gorro rojo de Saci se le concederá un deseo, pero hay que pagar un precio. El gorro tiene un olor espantoso y acre que nunca abandonará a quienes lo hayan tocado.

Lo más probable es que este espíritu tenga su origen en el Ŷaci-Ŷaterê, un espíritu tupí-guaraní, un niño con una sola pierna y un llamativo pelo rojo brillante. Tan bribón como Saci, engaña a la gente con llamadas de animales y silbidos estridentes, pero sus actividades se limitan a la noche.

Los africanos esclavizados que fueron llevados a Brasil por los primeros colonos europeos se aficionaron fácilmente a las historias de Ŷaci-Ŷaterê. Disfrutaban contándoles a sus hijos acerca de este pequeño duende malvado que era lo suficientemente travieso como para cautivar a los jóvenes sin aterrorizarlos; la vida ya era bastante dura.

Por ello, con el tiempo, Saci se convirtió en un niño negro. El pelo rojo se convirtió en un gorro rojo. Como los ancianos de las comunidades africanas solían ser los narradores de historias y a menudo disfrutaban de una pipa de caña de tabaco mientras celebraban la corte, Saci desarrolló su propio hábito de fumar.

Los portugueses de Brasil comparaban a Saci con el trasgu, una pequeña criatura duende del bosque vestida con hojas y musgo. Tiene la cara negra y también es un embaucador. Algunas de las travesuras de Saci podrían haber estado muy influenciadas por él. También hay similitudes con los mitológicos monópodos, criaturas parecidas a los enanos con un pie de gran tamaño en el centro del cuerpo. Estas criaturas fueron descritas en la antigua literatura griega y romana y todavía se pensaba que existían en algunas etimologías medievales.

Además de ser vulnerable a las cuentas del rosario, Saci dejará de portarse mal y huirá si ve un crucifijo, dejando tras de sí el más leve olor a azufre (un elemento asociado desde hace mucho tiempo con el diablo en el folclore cristiano).

En algunas historias, Saci tiene el poder de controlar el tiempo, y puede aparecer y desaparecer a voluntad; su pipa incandescente solo puede ser vista por los más observadores. No puede cruzar el agua a menos que se transforme en un *matitaperê* (o *matita pereira*), el cuco rayado.

El clásico libro infantil *O Saci*, escrito por Montero Lobato en 1921, es uno de los favoritos de los niños brasileños de todo el país. Cuenta la historia de un niño, Pedrinho, que vive en una granja de São Paulo. Se entera de la existencia de Saci por su abuelo. Decide capturarlo para conocer sus secretos, y mientras los dos se enzarzan en una batalla de ingenio, cada uno intentando superar al otro, se hacen íntimos amigos. Aprenden importantes lecciones sobre la confianza, la camaradería, la resistencia y el respeto por el mundo natural.

Una criatura traviesa similar, conocida sobre todo en el estado de Río Grande do Sul, es el Sanguanel. Aunque se dice que es inofensivo, sus actividades son siniestras y preocupantes para los estándares modernos.

Se cree que tiene su origen en los mitos compartidos por los inmigrantes italianos, el Sanguanel es una especie de duendecillo rojo brillante que vive en los bosques y las zonas montañosas. Le gusta gastar bromas y trucos a los adultos, normalmente relacionados con su capacidad para aparecer y desaparecer, pero lo que más le interesa son los niños muy pequeños y los bebés. Los secuestra y se esconde con ellos en árboles altos o arbustos. Mientras unos padres frenéticos buscan a sus hijos desaparecidos, él alimenta a sus pequeños cautivos con miel y agua, que gotea en sus bocas desde vasos especiales que forma con hojas. Cuando los niños son encontrados, están desorientados y somnolientos. Nunca pueden recordar del todo lo que les ocurrió mientras estaban al cuidado del Sanguanel.

Se supone que el Sanguanel tiene una hermana gemela llamada Sanguanela. Ella es su opuesta en todos los sentidos. En lugar de ser pelirroja, tiene la piel blanca y el pelo rubio. Prefiere el vinagre al vino (lo que sugiere, quizás, que el Sanguanel disfruta con su licor) y tiene cierto poder sobre el agua.

Romãozinho es el espíritu malvado de un niño que una vez fue humano. Fue un niño muy malo desde el principio. Disfrutaba destruyendo plantas y flores. En cuanto tuvo edad suficiente, cazó y mató a cualquier ser vivo, incluso a los pájaros cantores que hacen la vida tan agradable a todo el mundo. Odiaba a todo el mundo y nunca dejaba pasar una oportunidad para sembrar rencor, sospechas y malos sentimientos. Incluso aborrecía a sus padres y consiguió convencer a su padre de que su inocente madre estaba enamorada de otro hombre.

Un día, su madre le pidió que le llevara a su padre un pollo que le había cocinado mientras trabajaba en el campo. Romãozinho se comió el pollo entero mientras caminaba. Cuando finalmente llegó hasta su padre, le entregó los huesos del pollo y le dijo que eso era todo lo que quedaba. Su madre y su novio se habían comido el resto.

El padre de Ramãozinho, loco de rabia, regresó a la casa familiar, y golpeó y mató a su pobre esposa. Mientras daba sus últimos suspiros, vio a su malévolo hijo sonriendo para sí mismo, y se dio cuenta de que él estaba detrás del terrible destino que le había ocurrido. Su último acto fue lanzarle una terrible maldición: nunca conocería el cielo ni el infierno mientras quedara un solo humano en la Tierra.

Su hijo, aunque completamente sin remordimientos, se vio reducido a vagar por el mundo. Ya no es humano, pero gasta bromas a la gente, principalmente por aburrimiento y malicia.

Es posible que este mito sea una interpretación brasileña de Ahasvero, un hombre inmortal maldito de la Europa del siglo XIII. También él quedó vagando sin rumbo durante todo el tiempo.

En los estados del nordeste de Brasil, especialmente en la zona del Sertão, se dice que el espíritu de una joven conocida como Comadre Fulozinha («Buena Amiga Flor») protege la selva tropical. Tiene el pelo largo y oscuro. Es tan espeso y lustroso que puede cubrirle todo el cuerpo. Es alta y con forma de sauce, y se dice que lleva un vestido gris diáfano y un collar rojo tan hermoso e intrincado que no podría haber sido hecho por manos humanas.

Algunas comunidades la llaman *Mãe da Mata* («Madre de los bosques») y dicen que crecen flores por donde ella ha caminado. Tiene un silbido característico que se hace más silencioso a medida que se acerca. A cualquiera que la oiga se le aconseja que se marche, ya que a ella no le gusta que los humanos perturben los bosques.

La historia de origen más común dice que la Comadre Fulozinha era una niña caboclo (persona de ascendencia mixta, indígena brasileña y europea), posiblemente hija de un hombre blanco rico e influyente que había engañado a una mujer indígena para que se acostara con él. Cuando su madre murió, esta niña juró vengarla atacando a los humanos, sobre todo a los hombres, que profanaban la belleza y la inocencia, especialmente en la naturaleza.

En otra historia, era una niña que se perdió en el bosque y murió antes de que sus padres pudieran encontrarla.

Se toma muy en serio su papel de guardiana de la naturaleza. Si se encuentra con alguien vandalizando sus dominios, se acercará lentamente, haciendo un ruido silencioso y sibilante antes de lanzarse de repente sobre ellos, azotándolos con su pelo trenzado o aguijoneando enredaderas con una resistencia y fuerza inesperadas. Se la puede disuadir, como a Saci, con regalos. Prefiere las gachas o la miel. Le encanta trenzar, y puede trenzar y tejer colas de caballo o cordeles con una destreza asombrosa.

La Comadre Fulozinha es una entidad divina del culto Jurema en Paraíba. Aunque sus historias no son tan detalladas como las de otras entidades de los mitos brasileños, su tutela de la naturaleza la ha convertido en un personaje popular y muy relevante en la conciencia despierta para preservar el planeta.

Capítulo tres - Mitos fluviales

El poderoso Amazonas es la pieza central del sistema fluvial más extenso del mundo. Otros sistemas fluviales de Brasil, como el Araguaia-Tocantins en el norte, el São Francisco en el noreste y el este, y el Paraguay-Paraná-Plata en el sur, también son significativos. El papel de estos ríos en los mitos brasileños es ineludible.

La deidad responsable de los ríos en el panteón brasileño es Iara, la diosa del agua. También se la conoce como Yara y Uiara, y es originaria de la antigua mitología tupí.

Es un espíritu de tipo sirena y se la suele representar como mitad mujer, mitad pez, con el pelo largo, a veces azul o verde mar. Su cabello suele estar decorado con flores rojas.

En algunas historias, nació humana. De niña, era una guerrera hábil e intrépida. Tenía dos hermanos que estaban celosos de sus dotes naturales para el combate y sabían que ella era mucho más capaz que ellos. Cuando ella sobresalía en estas cosas, los hacían parecer débiles e ineficaces. Llegaron a odiarla y, con el tiempo, resolvieron matarla. Sabiendo que podía defenderse fácilmente, la atacaban cuando estaba sola y dormida.

A pesar de ser emboscada de esta manera, Iara se defendió hasta que sus dos hermanos quedaron muertos en el suelo. Tal vez estaba soñando que participaba en un combate épico.

El padre de Iara se llenó de rabia cuando vio que sus hijos habían muerto. Sin detenerse a escuchar lo que había sucedido y loco de dolor, mandó atar a Iara y arrojarla a la confluencia de los ríos Negro y Solimões. Dando la espalda a su hija, dejó que se ahogara.

La diosa de la luna tupí, Jaci, había visto lo ocurrido. Ella sabía que Iara estaba libre de culpa. Elevó el espíritu de la niña y la convirtió en la diosa del río.

Aquí, su historia se confunde con las tradiciones europeas de sirenas y tritones. Ya no era venerada por sus habilidades como guerrera. Su belleza y su maravilloso canto tienden a definirla. Se dice que los hombres se vuelven locos por la dulzura de su voz.

En las crónicas publicadas por los colonos portugueses en el siglo XVI, se menciona un horrible monstruo de río llamado Ipupiara. Su forma femenina es un posible parecido con Iara, ya que se la describe como muy hermosa y con algunos elementos de una mujer humana, incluido el pelo largo y suelto.

El macho Ipupiara es un asunto totalmente diferente. Pero Magalhães Gândavo escribió en su relato de 1564 sobre una joven indígena que había sido esclavizada por los colonos. Se llamaba Irecê. Había quedado con su amante en una playa de São Vicente, solo para descubrir que había sido brutalmente mutilado por un monstruo Ipupiara. Cuando huyó horrorizada y denunció lo ocurrido, un capitán portugués la encontró y la mató con su espada.

Esta horrible criatura fue descrita como de «quince manos» (3,3 metros) y «sembrada de pelo por todo el cuerpo... (y) en el hocico tenía sedas muy grandes como bigotes».

El sacerdote jesuita Fernão Cardim informó de detalles aún más alarmantes. Declaró que la Ipupiara era «repulsiva» y dijo que mataba a los humanos, abrazándolos fuertemente y besándolos hasta que ya no podían respirar, asfixiándolos hasta la muerte. Se comía a sus víctimas, devorando sus ojos, narices, puntas de los dedos, tanto de las manos como de los pies y genitales. Era, dijo Fernão Cardim, «un ser bestial, hambriento, repugnante, de una ferocidad primitiva y brutal». Los historiadores suelen suponer que estos primeros colonizadores se explayaban sobre alguna forma particularmente agresiva de león marino o manatí.

Iara aparece a menudo en la historia de Ruiva («Barba Roja») como un espíritu benévolo del bien. Hace mucho tiempo, en el estado de Piauí, en la región nordeste de Brasil, había una joven que se quedó embarazada tras la muerte de su amante. No se atrevió a decírselo a su familia. Cuando llegó el momento de que naciera su bebé, se escabulló al bosque y dio a luz a un hijo.

Temerosa de lo que dirían su madre y sus hermanas, lo metió en una olla de cobre y lo dejó a la deriva en el río. Cuando se marchó, un espíritu del agua, del que a menudo se dice que era Iara, resolvió salvar a este bebé, que llegó a ser conocido como Ruiva. En el proceso de rescate del bebé, esa zona del río quedó encantada, y así es como surgió la laguna de Parnaguá.

Desde entonces, Ruiva aparecía de vez en cuando en la orilla del río. Por la mañana, parecía un bebé, y los transeúntes eran alertados de su presencia por sus llantos. Sin embargo, al mediodía, se convertía en un amoroso hombre adulto con barba pelirroja, desesperado por robarle un beso a cualquier jovencita con la que se cruzara. Al atardecer, sería un anciano marchito.

Otro espíritu del agua, Caboclo d'Água («caboclo de las aguas»), es una criatura parecida a un hombre que acosa a pescadores y marineros en el río São Francisco. Obliga a las embarcaciones a zozobrar, suelta los peces de las redes e incluso ahoga a los desafortunados que nadan en el río.

A menudo se describe a Caboclo d'Água como una especie de tritón con una cola de pez escamosa de color cobrizo. Sus manos están palmeadas como las de una rana y, a veces, tiene un solo ojo en el centro de la frente.

Los marineros y los pescadores creían que podían evitar su atención pintando una estrella blanca en el fondo de sus barcos o decorando la proa con un mascarón de proa tallado. Una carranca podía ser un humano o un animal, pero normalmente tenía la boca muy abierta y colmillos. Se pensaba que la carranca ahuyentaría a los espíritus malignos del agua.

Algunas personas prefieren intentar ganarse el favor del Caboclo d'Água, ofreciéndole tabaco o alcohol. Si acepta el regalo, puede que trate con respeto a quien se lo ofrece e incluso les guíe hacia aguas con abundancia de peces.

Una de las criaturas más encantadoras que solo se encuentra en el río Amazonas es el delfín rosado, conocido como *boto* o *bufeo*. Se encuentran en las cuencas del Amazonas y el Orinoco en toda Sudamérica. Es la especie más grande de delfín de río; algunos machos alcanzan los nueve pies de longitud. Nacen grises y, a medida que maduran, adquieren gloriosas tonalidades de rosa, desde un pálido rosa rubor hasta un vibrante tono chicle. Algunos permanecen grises con el más leve indicio del famoso rosa, y otros desarrollan manchas de rosa que cubren su cuerpo. Aún no se sabe con certeza por qué y cómo se desarrollan de este modo. Es posible que su dieta, rica en marisco, tenga algo que ver. O quizá se trate de una reacción a la luz solar o a la exposición al sol. Parece que sus capilares sanguíneos están más cerca de la superficie de la piel que en otros delfines, y esto puede hacer que parezcan más rosados cuando se excitan o se sienten amenazados.

A pesar de sus evidentes similitudes con los delfines marinos, el boto tiene una psique muy diferente. Es igual de ágil, pero no sigue a las embarcaciones ni salta fuera del agua. Por lo general, consigue refrenar su curiosidad natural en presencia de la humanidad. Vive en tranquilos y pequeños grupos familiares o con su pareja, y tiende a preferir las aguas más tranquilas de las lagunas amazónicas o las zonas inundadas de la selva tropical a los tramos de río abierto y caudaloso.

La gente que vive junto al Amazonas ha tenido una larga y complicada relación con el boto. Su extrañeza y su cualidad etérea han dado lugar a historias y supersticiones según las cuales están protegidos por algunos poderes místicos, y en general se acepta que da mala suerte matar a un boto y aún peor comer su carne. A menudo se aconsejaba a los naturalistas deseosos de ver al raro manatí amazónico que se hicieran amigos de un boto, ya que se los consideraba guardianes de la escurridiza criatura.

Los pescadores del Amazonas en zonas frecuentadas por botos los ven con cierto recelo. Aunque algunos creen que son amigos que les conducirán a aguas llenas de peces, los botos también son conocidos por atraer a los humanos a aguas peligrosas, donde rápidamente se encuentran perdidos. Se dice que algunos incluso hunden deliberadamente barcos pesqueros para que los pescadores se ahoguen.

Algunas culturas creen que el delfín rosa era originalmente un guerrero que tuvo tanto éxito que los espíritus del mundo lo sometieron a un encantamiento antes de que amenazara la naturaleza misma del mundo. La historia más conocida y perdurable es la de Boto Cor-de-Rosa, un delfín rosa que cambia de forma y que aparece durante las fiestas y celebraciones de verano como un extraño elegantemente vestido.

Una versión de este mito cuenta la historia de una joven llamada Rosita. Era una chica encantadora y alegre, muy querida por toda su familia. Le encantaba ayudar a su madre en las tareas domésticas y a menudo iba a recoger agua al río cercano.

Un día cálido, el río chispeaba tentadoramente y no pudo resistirse a darse un baño. Mientras se deslizaba por el agua fresca, se fijó en un joven sentado en la orilla del río, cerca de donde había dejado su ropa. Cuando terminó de nadar, habló con él. Le dijo que era pescador, y Rosita no pudo evitar fijarse en lo atractivo que era. Quedó con él al día siguiente y, después de verse varias veces, se enamoró y pasó la noche con él.

Los padres de Rosita empezaron a preocuparse por ella. Pasaba tanto tiempo en el río. Cuando se enfrentaron a ella, les contó todo sobre su misterioso pescador y les dijo que quería casarse con él.

Confiando en el juicio de su querida hija, el padre de Rosita invitó al pescador a la casa familiar y lo recibió con los brazos abiertos mientras preparaban la boda. El joven era un invitado encantador, y la familia pronto llegó a quererlo. Sin embargo, no podían dejar de preguntarse por qué se marchaba cada mañana sin falta y no se lo volvía a ver hasta que regresaba por la tarde.

Una noche, la familia tuvo una celebración con una gran comida y mucha bebida. Todos durmieron bien. Cuando la familia empezaba a levantarse, los alarmó un grito estridente que salía de la habitación de Rosita. Su padre cogió su pistola y corrió a ver qué podía haber pasado.

Allí, junto a Rosita en su cama, yacía un enorme delfín rosa. Intentó zafarse y dirigirse hacia la puerta, pero su padre levantó la pistola y lo mató de un disparo.

El joven pescador nunca regresó, y Rosita pronto descubrió que estaba esperando un bebé. Meses después, murió en el parto. ¿Su bebé? Era una cría de delfín rosado.

Hay muchas historias de hombres boto como amantes seductores y descuidados que dejan a las jóvenes embarazadas y abandonadas. En estos relatos, el boto va universalmente vestido con un elegante traje blanco y, lo más importante, un sombrero. Este cubre sus espiráculos, que delatarían su verdadera identidad. A veces, el sombrero es una mantarraya metamorfoseada (o modificada). Muchos de los accesorios del hombre boto proceden de criaturas fluviales. Por ejemplo, puede empuñar una espada de anguila eléctrica o llevar zapatos de bagre. En su forma de criatura, un boto encantado con la capacidad de cambiar de forma puede a veces ser detectado por las puntas de sus aletas, que se parecen un poco a las manos humanas.

En desacuerdo con el comportamiento solitario y tranquilo del boto, una vez que estas entidades se han transformado, son el alma de la fiesta.

En un pueblo amazónico, dos hombres con sombrero disfrutaron de una noche de copas y risas estridentes. Al amanecer, se los vio salir del pueblo, cogidos del brazo, cantando a pleno pulmón y llevando botellas. Al día siguiente, unos pescadores capturaron dos botos. Mientras los destripaban, los hombres se sintieron invadidos por el hedor a licor que emanaba de los estómagos de los delfines.

En otro relato, un hombre elegantemente vestido, con sombrero, acosaba a las jóvenes con tal insistencia que los hombres del pueblo se sintieron obligados a despedirlo. Cuando sus gritos se hicieron más fuertes, una multitud se unió a la persecución. Mientras corría hacia el río, le dispararon tres arponazos. Poco después apareció en la orilla un boto muerto con tres dardos de arpón incrustados en la piel.

Algunos hombres boto no son exactamente los Lotarios de «ámalas y déjalas». Prefieren atraer a las jóvenes a un reino submarino conocido como Encante. Una vez que la joven ha entrado por sus puertas, nunca podrá salir.

Estos mitos se utilizaban a menudo para explicar los embarazos de mujeres solteras o derivados del incesto, la prostitución y la violación. El traje blanco y los accesorios asociados al boto cambiante tienen algunas similitudes con los europeos blancos. Dado que los colonos sometieron violentamente a los indígenas, a veces matando, violando y traumatizando a las mujeres, es posible que el boto se haya llevado la peor parte, de forma alegórica, de algunas de las experiencias más horribles que sufrieron ciertos grupos de pueblos amazónicos.

Capítulo cuatro - Cuentos de jaguares

El jaguar, el tercer felino más grande del mundo, es originario de Sudamérica, con la mitad de su población en Brasil. Estas magníficas criaturas son cazadores formidables. Cazan casi cualquier animal que se les cruce. Sus fuertes mandíbulas y afilados dientes pueden penetrar incluso la dura piel de los cocodrilos o el caparazón de las tortugas.

Los jaguares adultos son criaturas solitarias que requieren grandes territorios. Son nadadores seguros y la personificación del poder y la gracia. Por ello, desde hace mucho tiempo son vistos con asombro y respeto por la gente que vive en las regiones selváticas, y han asumido un papel integral en la mitología brasileña.

Onça-Boi es el jaguar devorador de hombres que forma parte de las tradiciones orales del Amazonas, especialmente de Acre. Está estrechamente relacionado con el mundo de los espíritus, pero en su forma terrenal se distingue fácilmente de los jaguares normales por sus patas, que tienen pezuñas. También se dice que tiene cuernos en algunas culturas.

Al carecer de garras, no puede trepar a los árboles y suele salir de caza con su pareja. Después, uno de ellos descansa mientras el otro come, lo que supone un comportamiento notablemente diferente al de los jaguares normales, que llevan vidas solitarias fuera de sus épocas de cría. En los relatos, las personas lo bastante desafortunadas como para encontrarse con el Onça-Boi cometen a menudo el error de subirse a un árbol, creyendo que allí estarán a salvo. No se dan cuenta de que esperará pacientemente hasta que su presa esté agotada. Cuando inevitablemente se duermen y caen de las ramas del árbol, la criatura jaguar está esperando abajo.

El Onça da Mão Torta («Jaguar de mano torcida») es una bestia mítica que acecha la sabana de Goiás. Tiene marcas diferentes a las de los grandes felinos nativos de Sudamérica y está rayado como un tigre. Una de sus patas delanteras está torcida y doblada, pero esto no parece impedirle cazar y hacer otras actividades.

Se dice que es resistente a los disparos y que es el espíritu de un vaquero nómada, muy parecido al mito de la región brasileña de Minas Gerais de un vaquero destartalado y misterioso que parece poseer poderes misteriosos. No es ni joven ni viejo, tiene una complexión delgada, su porte es relajado y rara vez habla. Su viejo caballo es delgado y de aspecto tan decrépito como él. Aparece inesperadamente cuando hay competiciones en granjas y ranchos, como el derribo de bueyes, las carreras de anillas y otras carreras. Los otros vaqueros siempre se remiten a sus habilidades y conocimientos, y siempre se alegran de ver a la pequeña figura con su gran sombrero de cuero flexible que oculta su sobredimensionada frente y su larga barba.

Un día, un acaudalado granjero de Urucuia tenía dificultades para reunir a sus caballos, que se encontraban dispersos por una enorme zona. Tuvo la idea de organizar una competición en la que podría participar cualquiera que se creyera capaz de encontrar sus caballos y conducirlos de vuelta. Organizaría, como era tradicional, una gran fiesta para todos los que tuvieran intención de competir.

Llegaron vaqueros y rancheros de todas partes. Se reunieron en la granja y se saludaron cordialmente, todos ansiosos por demostrar su valía unos contra otros. Pero antes de que pudieran ensillar, un misterioso vaquero llevaba a casa los caballos del granjero. Se negó a llevarse ningún premio o recompensa y se escabulló sin que nadie se diera cuenta mientras la fiesta estaba en marcha.

Los vaqueros y los pastores no se sorprendieron en absoluto, pero no podían entender cómo se las arreglaba para hacerlo. Siempre que lo veían, iba deambulando sobre un caballo viejo y cansado.

Algún tiempo después, los granjeros empezaron a descubrir que su ganado sufría ataques violentos. Algo los estaba dejando muertos o corneados y desgarrados con heridas horribles. Los vaqueros se reunieron para encontrar la causa e intentar evitar que más ganado valioso se viera afectado. Mientras discutían a qué clase de bestia se estaban enfrentando, se dieron cuenta de que el misterioso vaquero no estaba allí. Especularon con que tal vez había muerto o estaba malherido. Tal vez simplemente no podía molestarse en ayudar. Mientras hablaban, el respeto que sentían por él dio paso a la mala voluntad y los celos.

Al día siguiente, se pusieron en marcha cuando la familiar figura pequeña y destartalada apareció por el horizonte con una manada de toros salvajes, las mismas bestias que habían aterrorizado al ganado. El granjero estaba encantado, pero los hombres reunidos estaban inquietos y no entendían cómo podía haber logrado semejante hazaña por sí solo. Empezaron a sospechar que utilizaba la brujería.

Uno de los vaqueros más jóvenes resolvió averiguar los secretos del extraño hombre y se hizo amigo suyo. Los dos hombres cabalgaron a través de la tierra, hablando raramente, incluso en las hogueras donde cocinaban comidas sencillas antes de dormir bajo las estrellas.

Al cabo de algunos meses, había poca comida disponible y el misterioso compañero del vaquero empezó a debilitarse por falta de alimento. Una mañana, cuando se esforzaba por montar en su caballo, el otro hombre le entregó unas hojas y le dijo que esperara. Le explicó que iba a transformarse en jaguar para cazar algo que pudieran comer y que, en cuanto regresara, el joven debería meter las hojas en su boca. Entonces, volvería a su estado humano.

El joven lo vio marchar y se preguntó si había oído correctamente en su debilitado estado. Para su sorpresa, bajo el brillante sol de la mañana, la delgada figura del vaquero pareció volverse moteada y saltó con toda la fuerza y la gracia de un gran felino.

No pasó mucho tiempo antes de que un gran jaguar regresara, gruñendo, con los cuartos traseros de alguna bestia en sus fauces. Dejó caer la carne y se volvió hacia el joven vaquero, pero este estaba aterrorizado. A pesar de su estado debilitado, consiguió montar en su caballo y alejarse. Aún tenía las hojas en las manos cuando por fin llegó a descansar.

En cuanto al misterioso vaquero, siguió siendo un jaguar, vagando por el estado en busca del joven que conocía su secreto y podía ayudarlo a volver a ser humano.

En otras historias, el misterioso vaquero es un cambiante capaz de adoptar la forma de un jaguar, y algunos de los problemas en los que estaba tan ansioso por ayudar fueron en realidad causados por él mientras se encontraba en su estado de jaguar. A medida que pasaba más y más tiempo como gran felino, se volvía más felino que humano. Cuando los ganaderos se dieron cuenta de que era él quien atacaba al ganado de sus granjas, los cazadores de la región decidieron acabar con él. Finalmente, consiguieron acorralarlo y lo mataron a tiros.

En una versión algo más sentimental de esta historia, su joven compañero vaquero se encontraba entre los cazadores que lo acorralaron. Cuando el jaguar atrapado vio a su traidor amigo entre sus captores, emitió un último gemido de tristeza —un sonido inconfundiblemente humano de miseria y traición— antes de que se disparara la bala. Se dice que los que estuvieron allí nunca pudieron olvidarlo.

Otro mito del jaguar del estado de Minas Gerais, especialmente frecuente entre los xakriabá, es el de Kianumaka-Maña. Presenta varias similitudes con el mito del vaquero misterioso, pero Kianumaka-Maña no es un humilde vaquero; es una diosa.

Kianumaka-Maña es una guerrera. Es capaz de aprovechar la fuerza y la astucia del jaguar. Los indígenas que la veneraban realizaban rituales antes de entrar en combate con la esperanza de imbuirla de ferocidad y destreza en la lucha. También representa la libertad y la autosuficiencia, y a veces se la representa como una hermosa mujer pintada con las marcas del jaguar.

Además de las comparaciones obvias con el misterioso vaquero, Kianumaka-Maña es una diosa en la tradición de la griega Artemisa y la romana Diana (diosas de la caza), la antigua diosa egipcia del león Sekhmet, y la diosa nórdica giganta Skadi que gobierna el invierno y la caza.

En una historia, una madre y su hija estaban fuera cuando la madre se quejó de que últimamente tenían poca carne para comer. La hija le dijo que mataría una vaca para ellas, pero cuando volvió, le dijo a su madre que le metiera una rama en la boca.

La hija se marchó. Poco después, la madre oyó el sonido de una vaquilla siendo atacada por un jaguar. De repente, el jaguar saltó hacia la madre con las fauces abiertas, listo para que le arrojara la rama entre los dientes. Sin embargo, la madre huyó aterrorizada.

La niña nunca volvió a ser humana. Durante el día, se escondía y, por la noche, atacaba al ganado de los granjeros hasta que estos le rogaban que se detuviera, entregándole sus hierros de marcar como señal de buena fe.

En una historia relacionada, una niña llamada Yndaiá se sentía amargada y enfadada por la colonización e invasión de su tierra natal. En un intento de vengarse de los crueles europeos que se habían asentado en la región, pidió a un chamán que invocara al espíritu del jaguar y la hechizara con él.

Una vez que era capaz de transformarse en forma de jaguar, atacaba al ganado de estos granjeros y arrastraba la carne de vuelta a su aldea, donde podía ser compartida. Cada vez que regresaba, la madre de Yndaiá (una mujer mucho más valiente en esta historia) la esperaba con una rama para arrojarla a la boca del jaguar y que pudiera volver a transformarse en niña.

Sin embargo, un día, la madre fue incapaz de encontrar el tipo concreto de rama necesario para romper el encantamiento, por lo que Yndaiá no pudo volver a transformarse en su forma humana. Lo peor estaba por llegar. Los granjeros reunieron una partida para cazar al gran felino que había estado atacando sus medios de subsistencia.

Jaguar-Yndaiá, ahora la cazada, consiguió llegar hasta una cueva y permaneció allí, preguntándose si su fin estaba cerca. Sin embargo, su pueblo no se había olvidado de ella ni de su generosidad y le trajo carne. Se dirigieron en silencio a la cueva y realizaron rituales y danzas durante toda la noche hasta que volvió a ser una niña.

El árbol de los sueños es otro mito con el jaguar en su corazón. Un niño, Uaica, vivía con su anciano abuelo en una pequeña aldea. No era un niño fuerte. Los otros niños eran a menudo crueles y se burlaban de él cuando no podía participar en sus juegos.

Un día, estos comentarios burlones fueron demasiado para Uaica. No quiso volver con su abuelo, sabiendo que el viejo se preocuparía, ya que lo quería mucho. En lugar de eso, se adentró en el bosque. Sentía un gran amor por la naturaleza, y las exuberantes plantas verdes y el aire fresco, perfumado con flores exóticas, le hacían sentirse más tranquilo y feliz.

Uaica estaba a punto de dar media vuelta cuando tropezó. Tras ponerse en pie, vio el espectáculo más extraordinario. Bajo un gran árbol había un tapir tumbado junto a un perezoso, profundamente dormido. Al acercarse, tan silenciosamente como se atrevió, vio que también había una anaconda, un mono, un caimán y una madre jaguar con sus cachorros, todos durmiendo profundamente acurrucados uno junto al otro.

Uaica se sintió cansado de repente. Era incapaz de mantener los ojos abiertos y se unió a los animales bajo el árbol. Mientras dormía, soñó que oía la voz de Sinaa.

Uaica había oído historias de Sinaa desde que tenía uso de razón. Era el hombre jaguar mágico, con ojos en la nuca, y parecía un anciano hasta que se bañaba. Entonces, su vieja piel se caía y se convertía en un hombre joven y apuesto. Sinaa conocía todos los secretos del mundo, como dónde se podía encontrar el gran palo bifurcado que sostenía el cielo, cómo salvar al mundo de los peligros a los que se enfrentaba y cómo curar a los animales y humanos enfermos.

Sinaa susurraba historias al niño dormido. Finalmente, Uaica despertó. Estaba oscuro y todos los animales que dormían se habían ido.

Al día siguiente, Uaica estaba impaciente por volver al árbol y escuchar la voz susurrante de Sinaa. De nuevo, encontró varios animales dormidos y se acurrucó con ellos. El hombre jaguar siguió contándole sus secretos. Día tras día, dormía bajo el árbol sin comer ni corretear como los demás niños. Pronto, su abuelo pudo ver que se estaba consumiendo.

Sinaa también empezó a darse cuenta de que el niño estaba enfermo. Mientras Uaica dormía bajo el árbol, Sinaa le susurró que había compartido sus secretos, y que debía marcharse y no volver nunca más.

Cuando Uaica despertó, se sintió triste. Sabía que echaría de menos al hombre jaguar, al que había llegado a querer tanto como a su abuelo, pero le había prometido que no volvería y pretendía mantener su palabra.

Cuando llegó a casa, encontró a su abuelo llorando. El anciano le dijo que le partía el corazón ver a Uaica tan pálido y frágil, y le rogó que comiera. Uaica se sentó y compartió la comida con él y luego le contó que tenía un secreto. Después de que hubieran comido, llevó a su abuelo al árbol de los sueños en el bosque.

Al igual que antes, había animales profundamente dormidos alrededor de su tronco. En cuanto Uaica empezó a sentirse somnoliento, le dijo a su abuelo que no podía ir más lejos. El anciano sintió curiosidad y se acercó. No tardó demasiado en quedarse profundamente dormido entre dos pecaríes que dormitaban. Uaica observaba desde la distancia.

Cuando el abuelo de Uaica despertó, le dijo que nunca hablara a nadie del árbol; sus secretos eran demasiado poderosos y peligrosos para cualquiera que no tuviera un corazón puro.

Cuando se acercaban a su aldea, el padre de Casimiro, uno de los chicos que se había burlado sin piedad de Uaica, estaba llorando. Su hijo había enfermado y la familia se preparaba para su muerte. Uaica pidió ver a Casimiro. Puso sus manos sobre el niño enfermo y, gracias a la magia curativa que Sinaa le había susurrado, se curó.

A partir de entonces, él y Casimiro se convirtieron en firmes amigos. Se acabaron las burlas y las crueldades. Uaica también ayudó a curar a otras personas que cayeron enfermas en su aldea. Era sabio más allá de su edad, y todo el mundo llegó a querer y respetar a este extraño joven.

Una noche, mientras Uaica dormía, el hombre jaguar volvió a visitarlo. Le dijo que construyera una casa especial con su abuelo para que Sinaa pudiera compartir más secretos con él mientras dormía. Una vez construida la casa de los sueños, Sinaa le contó a Uaica más secretos sobre la selva y sobre cómo hacer cosas bellas con los objetos que podía encontrar allí. Guiado por su mentor, recogió plumas, flores, piedras, nueces y conchas y creó intrincadas y hermosas joyas y accesorios que todo el mundo deseaba.

Aunque a Uaica le complacía enseñar sus habilidades creativas a los demás aldeanos, había una mujer que sentía especial envidia y resentimiento por su talento. Decidió robarle las piezas más bonitas que había hecho. Sin embargo, no tenía ni idea de que Sinaa le había enseñado a verlo todo. Uaica la acorraló. Les dijo a ella y a sus amigas que, debido a su codicia, ya no merecían sus poderes curativos.

Después, desapareció y nunca se lo volvió a ver. Nadie sabía qué había sido de él. Quizá fue transportado a una cueva donde pudo pasar el resto de sus días soñando, o quizá se convirtió en un espíritu para poder unirse al hombre jaguar en ese extraño mundo espiritual fuera del alcance de los humanos.

Capítulo cinco - Bestias monstruosas

El folclore brasileño tiene más que su parte de monstruos, la mayoría de los cuales son sanguinarios comedores de hombres, cada uno con sus propias características individuales.

El hombre lobo brasileño, el lobisomem, es originario de la región de la cuenca amazónica y se cree que es el producto de una relación incestuosa o la descendencia de una mujer y un sacerdote ordenado.

A diferencia del hombre lobo europeo, que tiene que esperar a la luna llena, el lobisomem cambia de hombre a bestia si llega a una encrucijada un viernes por la noche. Durante la Cuaresma, puede transformarse a diario. Una vez que el lobisomem se ha despojado de su forma humana, arrasa el campo en busca de niños que no hayan sido bautizados. Devora a estos niños con todo el salvajismo de una bestia salvaje.

Los primeros relatos sobre el lobisomem sugieren que su figura bestial no siempre era lobuna. Más bien era un perro, un cerdo salvaje o un cruce entre ambos. Tiene un pelaje espeso, ojos rojos brillantes y un olor acre y rancio. Al igual que el hombre lobo, camina sobre sus patas traseras, pero puede correr con más rapidez que la mayoría de los animales. En su forma humana, es un individuo débil, a veces con orejas puntiagudas que delatan su horrible otra vida.

Se puede matar al lobisomem con una espina de una planta de naranjo particular que haya crecido en suelo consagrado o con una bala que se haya llenado con cera de una vela que se haya utilizado durante tres santas misas. Si es herido, cualquiera que toque su sangre estará condenado.

El Lobisomem do Acre mató a unos terneros y a un niño en Seringal Sardinha en julio de 1990. Los caucheros que trabajaban allí corrieron al rescate tras oír que algo devastaba el ganado. Dijeron que se encontraron cara a cara con un lobisomem.

El Gorjala, un monstruoso y horrible ogro con un solo ojo, vive en las colinas rocosas y acantilados de Ceará y Amazonas. Lleva una armadura hecha con caparazones de tortuga. Es enorme y da largas zancadas que provocan temblores. Caza humanos, a los que mete bajo un brazo para poder comérselos lentamente mientras avanza a trompicones.

El Labatut, otro demonio devorador de hombres de gran tamaño, es más conocido en la región de Chapada do Apodi. También suele tener un ojo como un cíclope, pero además tiene espinas o pelos gruesos y rechonchos que sobresalen de su cuerpo como un puercoespín. Tiene colmillos como un cerdo salvaje y recorre las pequeñas comunidades por la noche en busca de gente a la que engullir, preferentemente niños, por su carne tierna.

El Labatut es un mito relativamente reciente basado en el general Pedro (o Pierre) Labatut, que luchó en la guerra de Independencia brasileña en el siglo XIX. Era un personaje temible. Era odiado por sus enemigos y por sus propios hombres por su excesiva e innecesaria brutalidad. Con el tiempo, su ejército se sublevó contra él. Su abyecta crueldad ha hecho que su reputación perdure en el folclore brasileño.

En el noreste de Brasil, en la región de Alagoas, el Pai do Mato es un gigante espantoso que aterroriza a la gente por la noche con su risa maníaca y chillona que puede oírse a kilómetros de distancia. Al igual que los demás ogros, es enorme, feo y peludo. Se supone que es mucho más alto que los árboles de los bosques donde habita, y sus pisadas emiten un sonido atronador. Se lo puede distinguir (hasta cierto punto) por sus garras o uñas, que son largas y afiladas. Aunque siente gusto por la carne humana, tiende a mantenerse alejado de la gente, pero si supone una amenaza, se anima a los pistoleros a que apunten a su ombligo, considerado su punto más débil.

El mapinguari, otra criatura monstruosa, se suponía que habitaba en la selva amazónica. Su nombre deriva de las palabras tupí-guaraní *mbappé*, *pi*, y *guari*, que significa «un ser que tiene una pata torcida».

Según la historia, un antiguo chamán descubrió los secretos de la inmortalidad, lo que enfureció al universo, ya que amenazaba con desequilibrar el tiempo y la existencia. Por ello, fue transformado en el horrible mapinguari como castigo y obligado a permanecer en esta forma durante toda la eternidad.

Las descripciones varían, pero se dice que estas criaturas están cubiertas de un pelaje espeso, oscuro y desgreñado, convenientemente a prueba de balas. Los indígenas del río Tapajós cuentan que puede medir unos tres metros. Su piel es escamosa y, al igual que un caimán, tiene grandes garras afiladas y a veces un solo ojo.

Aunque comparable a un cíclope, se ha sugerido que esta entidad se originó a partir de algún simio o perezoso gigante de tierra no identificado.

El mapinguari se centra en la protección de su frágil entorno y se supone que acecha a los cazadores que se aventuran en la selva tropical. Cuando los captura, les arranca la cabeza del cuerpo antes de devorarlos.

El centauro brasileño, conocido como Besta-Fera («Bestia feroz»), es otra criatura mítica que llegó con los colonos portugueses. Es ampliamente aceptado como una representación del diablo o de uno de sus ayudantes. En luna llena, puede salir del infierno y entrar en el mundo de los mortales desde las tumbas de los pecadores en los cementerios. Una vez que se ha liberado, se pone manos a la obra, merodeando por las calles. Cuando se cruza con alguien, lo estampa con su marca y, a partir de ese momento, está destinado a arder en el infierno.

Algunas versiones tienen a Besta-Fera vagando por los bosques en busca de alguna planta perniciosa con una flor de color rojo sangre que está imbuida de poderes malignos. Cualquiera que se cruce en su camino se volverá loco.

Se dice que tiene cuerpo de caballo y torso, brazos y cabeza humanos. Le acompaña una jauría de perros salvajes y gruñones, a los que azota de vez en cuando. Con esta misma correa, suele propinar latigazos a otras personas o animales con los que se cruza.

En las regiones del nordeste de Brasil, Besta-Fera se utiliza a veces como insulto para describir a alguien que ha sido poco amable o agresivo.

Boi-Vaquim, criatura mitológica de Río Grande do Sul y de los estados del sur de Brasil, es una de las criaturas descritas por el célebre poeta e historiador Contreira Rodrigues (1884-1960). Es un toro magnífico y místico con cuernos de oro, ojos de diamante y grandes alas. Cuando galopa, sus cuernos crean chispas de fuego.

Como era de esperar, es increíblemente difícil —quizá imposible— vencer a Boi-Vaquim. Los vaqueros se han vuelto locos por su obsesión de igualar sus habilidades contra él. Algunos temen la posibilidad de un encuentro con Boi-Vaquim.

En São Paulo, una bestia diferente merodea por las calles de noche: Porca dos Sete Leitões («la cerda de los siete lechones»). Esta cerda es inmensa. Bufa y gruñe con fruición mientras conduce con determinación a su prole que trota a su paso. Se dice que una vez fue una baronesa que tuvo siete hijos. Era una mujer orgullosa y cruel. Cuando ofendió a un espíritu, se transformó en su actual estado porcino. Solo podrá volver a ser humana cuando encuentre un anillo mágico.

En otra versión, abortó siete embarazos, y por hacerlo, fue convertida en un monstruo, con sus bebés nonatos convertidos en lechones. En otra versión, los bebés perdidos se debían a su violento y cruel marido, y como Porca dos Sete Leitões, está destinada a acosar a los maridos descarriados, persuadiéndolos para que regresen a sus familias como hombres mejores.

En la ciudad de Palmeira dos Índios en Algoas, en algún momento hacia finales del siglo XIX, vivía una joven rica que era hija de un poderoso oficial de alto rango en el ejército. Era una persona desagradable. Estaba obsesionada consigo misma y era ajena a las penurias y sufrimientos de los demás.

Esta joven tenía un perro de mascota al que adoraba. Lo mimaba con infinitas golosinas y dormía en la cama más mullida hasta que murió el mismo día que el líder espiritual del nordeste de Brasil, un sacerdote llamado padre Cicerón. La joven exigió que su querida mascota tuviera una misa funeral completa y un velatorio con vela y centinela para custodiar su alma. Este funeral costó mucho más de lo que la mayoría de la ciudad podía permitirse para su propia familia.

La joven estaba en el mercado comprando perfumes y ropa frívola un rato después cuando se cruzó con una anciana que estaba inclinada por la pena. Estaba comprando ropa negra. La muchacha, que sabía muy bien el efecto de la pérdida del sacerdote en la comunidad, preguntó a la anciana por qué estaba de luto. Cuando oyó que era por el padre Cicerón, la joven se rio y dijo que haría mejor en llorar por su perrito. Sin embargo, cuando las palabras salieron de su boca, se abalanzó sobre la pobre anciana. Esta cayó a cuatro patas y se alejó, saltando como un animal.

Cuando llegó a su casa, era difícil ver dónde acababa la mujer y empezaba el perro. Se había maldecido a sí misma con sus descuidadas palabras, y su familia se vio obligada a encerrarla, temiendo la vergüenza que les acarreaba. Cuando murieron sus padres, su hermano, que sentía poca simpatía por ella, la hizo encerrar en una jaula, donde permaneció hasta el final de sus días.

La mula sin cabeza es un tema común en la mitología brasileña. La creencia más extendida es que sus orígenes proceden de la Europa medieval, probablemente de Iberia, y que la historia llegó a Brasil con los colonos portugueses en el siglo XVI.

Generalmente, se considera que esta Mula Sem Cabeça ha sido una mujer maldita por sus pecados. La mula varía en su aspecto de un estado a otro, pero generalmente es marrón o negra con pezuñas de plata o hierro que repiquetean y hacen un ruido alarmante. A veces sale humo y llamas de su cuello donde debería estar su cabeza. A pesar de no tener boca (aunque algunos sugieren que sí tiene cabeza, pero que está oscurecida por el fuego), emite un relincho estridente o se lamenta y llora como una mujer humana.

La pobre mujer que se convirtió en la Mula Sem Cabeça era una muchacha que mantuvo relaciones sexuales antes de casarse o una mujer que entabló una relación con un sacerdote. Por ello, es maldecida a galopar por siete parroquias, empezando y terminando donde cometió su acto pecaminoso. En algunas versiones de la historia, el encantamiento termina cada mañana con el canto del gallo. Entonces vuelve a su estado humano, exhausta y desnuda, salvo por su brida. Al anochecer, se convertirá en mula y volverá a galopar.

En otras versiones, desgarra campos y bosques, devorando a cualquier criatura desafortunada que se cruce en su camino. Hay varias formas de detenerla, como arrancarle la montura, lo que no es poca cosa, ya que a menudo se dice que está al rojo vivo. Si se le quita, la maldición puede reanudarse si se la vuelve a embridar.

En su defecto, sacarle sangre con una aguja podría detenerla, lo que es algo más fácil que atarla a una cruz, que es otra cura. Una vez libre de la maldición, desnuda (de nuevo), agradecida y oliendo débilmente a azufre, se arrepentirá de sus pecados. Resulta revelador que el sacerdote que rompió sus votos al entablar esta relación no sufriera ninguna maldición o indignidad conocida; la responsabilidad parece recaer exclusivamente en su amante.

Un ser mítico inusual que se dice que vaga por los estados de Piauí, Minas Gerais, Mato Grosso y Rondônia es el Pé de garrafa («Pie de botella»). Tiene una sola pierna y, debido a ello, se supone que deja tras de sí huellas que parecen las de una botella arrastrada por el suelo, similares a las pisadas que deja el perezoso gigante, lo que se cree que explica el origen de esta entidad.

El Pé de garrafa es en parte hombre con un cuerno en el centro de la frente. Está cubierto de pelo. Puede imitar voces humanas y atraer a la gente a las profundidades de los bosques, donde se pierden rápidamente. No es tan sanguinario como otras criaturas mitológicas brasileñas, pero volverá loca a la gente con su extraña y estupefaciente mirada.

En la región de Minas Gerais, especialmente en São Paulo, la gente cuenta el mito de Corpo Seco («Cuerpo Seco»), un hombre que fue tan malvado y cruel durante su larga vida que cuando murió, tanto los ángeles como el diablo se negaron a llevárselo. Su familia lo enterró, pero incluso la tierra se negó a aceptar su cuerpo. Yació en su tumba, entero y sin ser devorado por los gusanos, sin descomponerse nunca.

Algunos afirman que era de Monteiro Lobato, en Serra da Mantiqueira. Retuvo a sus padres en un sótano oscuro y los golpeó sin motivo. Sometió al rencor y al odio a todos los que conoció y fue asesinado por un justiciero. Los habitantes de Monteiro Lobato lo detestaban tanto que escupieron sobre su tumba.

Después de mucho tiempo, se levantó de su tumba. En los largos años transcurridos, su pelo y sus uñas se habían alargado y su cuerpo era enjuto y demacrado. Se arrastraba por las noches, escondiéndose y, de vez en cuando, lamentándose de su situación. Es una especie de zombi. Es tan malvado en la muerte como en la vida, y mata a cualquiera con el que se cruza aplastando sus cuerpos con sus delgados y secos brazos.

En el estado de Piauí, al noreste de Brasil, la Cabeça de Cuia («Cabeza de Calabaza») es el extraño espectro que protege los ríos Parnaíba y Poty.

La historia comienza con un joven, Crispim, que vivía a orillas del río Parnaíba con su familia. Eran pobres y dependían del río para alimentarse, pero era una vida dura. Había periodos en los que había poco pescado que pescar, especialmente durante la época de crecidas.

Un día, Crispim sacó la barca con la esperanza de pescar algo para el almuerzo, pero no había nada. Abatido y hambriento, regresó a casa, maldiciendo su mala fortuna y la falta de fondos y alimentos de su familia.

Su madre, al verlo tan abatido, sintió pena por él y fue a ver a su vecina para ver si podían ofrecerle algo con lo que hacer una comida. Lo único que tenía la vecina era un hueso de buey, que le entregaron.

La madre de Crispim hizo todo lo que pudo, pero sin nada más disponible que un poco de harina, no pudo hacer otra cosa que hervir el hueso para hacer un caldo fino. Cuando su hijo se sentó a comer, después de haber pasado tantas horas tratando infructuosamente de pescar, se horrorizó al ver que le servían esta agua de hueso. Enfurecido, agarró el hueso y se lo lanzó a su desafortunada madre, matándola. Crispim ni siquiera intentó ayudarla. En su lugar, huyó tan rápido como pudo.

Mientras agonizaba, la pobre mujer maldijo a su hijo y, mientras Crispim corría, su cabeza empezó a hincharse y a crecer hasta parecerse a una gran calabaza.

Ya no humano, Cabeça de Cuia (que es en lo que se convirtió Crispim) fue abandonado para vagar por Teresina, donde confluyen los dos ríos. Desea desesperadamente expiar su maldad y romper su encantamiento, pero para ello debe devorar a siete jóvenes vírgenes llamadas María, que era el nombre de su madre.

Enloquecido por la maldición y en su búsqueda de Marías, causa frecuente y torpemente la muerte de bañistas y de quienes pescan en los ríos. Con su horrible cabeza hinchada, puede respirar bajo el agua y nadar como un pez. Arrastra a las personas que mata a las profundidades de los ríos.

En una versión menos sanguinaria del mito, en lugar de verse obligado a asesinar y comerse a siete Marías, simplemente busca a su madre para suplicarle perdón.

El Capelobo es una bestia mítica especialmente conocida en los estados de Maranhão, Amazonas y Pará. Se cree que es originario de los indígenas de esas zonas. Su nombre procede de la palabra indígena brasileña *cabo*, que significa «hueso roto», y de la palabra portuguesa *lobo*, que significa «lobo», aunque su etimología es bastante más complicada.

El Capelobo es en parte hombre, pero tiene pezuñas en lugar de pies, un espeso pelo castaño que le cubre por completo el cuerpo y la cabeza de un oso hormiguero gigante. En algunos relatos, sus patas traseras son como las de una cabra, y también se sugiere que tiene algunos rasgos de un tapir.

Aunque en general tiene la cabeza y la boca de un oso hormiguero gigante, su dieta no consiste en insectos. Devora gatos, perros y a veces personas, estrujando sus cuerpos hasta que mueren y bebiendo después su sangre. También puede perforarles el cráneo para alimentarse del cerebro con su larga lengua.

El Capelobo vive en las selvas tropicales y recorre las regiones más húmedas a altas horas de la noche, con la esperanza de encontrar gatitos o cachorros regordetes con los que darse un festín. Se lo puede matar, pero solo con un único disparo de rifle que le atraviese el ombligo, una parte vulnerable del cuerpo de los personajes más horribles de la mitología brasileña.

Un tema común en la mitología brasileña es el concepto de partes del cuerpo místicas y flotantes. Un buen ejemplo de ello es la Cabeça Satânica («Cabeza Satánica»), un ser bizarro tan vil como su nombre sugiere. Es casi seguro que tiene su origen en el folclore portugués, con sus raíces firmemente arraigadas en el fuego del infierno y la condenación cristiana, y diseñado para mantener a raya a los europeos medievales. Se cree que se introdujo en la tradición popular brasileña gracias a los colonizadores que llegaron a la región de Pernambuco, pero su influencia se extendió por todo el país. Todavía se lo teme en algunas de las zonas más remotas de Brasil.

Cabeça Satânica es exactamente como su nombre indica: la cabeza incorpórea de un diablo que de algún modo se suspende en el aire a altas horas de la noche. Algunos de los que cuentan haberlo visto explican que rueda o rebota por el suelo antes de encontrar un lugar apropiado para quedar a la deriva en el aire. Otros dicen que es llevado o conducido por algún tipo de espectro que se desvanece cuando la horrible cabeza encuentra a su presa.

Suele describirse como de color rojo, a veces resplandeciente, con una sonrisa maníaca y, la mayoría de las veces, el pelo largo y revuelto (por el que lo lleva su fantasma). Sus ojos son mortales e inolvidables, y sus otros rasgos son toscos y feos. Escupe fuego y tiene una risa estridente y graznante.

Por supuesto, como es de esperar, tiene malas intenciones. Cualquiera que lo toque o tenga la mala suerte de que le caiga encima, enfermará rápidamente y morirá en cuestión de días. En algunas historias, puede devorar a la gente entera. Parece no tener historia de origen. Nadie sabe quién fue ni de dónde vino, y sus víctimas parecen ser elegidas al azar. A los que tienen la desgracia de encontrarse con él se les aconseja que se persignen o, si tienen a mano una cruz de palma del Domingo de Ramos, que se la arrojen y luego huyan rápidamente. Estas mismas cruces pueden clavarse en las puertas para mantenerlo a raya.

En el estado de Pará, hay otra cabeza flotante, la Cumacanga (o Curacanga), a la que temer. Esta cabeza era originalmente una mujer que tuvo una aventura con un sacerdote. En otras historias, es la cabeza de la séptima hija consecutiva nacida en una familia. Para evitar que este destino le ocurriera a la séptima hija, se convirtió en tradición que la sexta hija se convirtiera en la madrina del bebé.

Esta cabeza tiene el pelo de fuego y flota de su cuerpo por la noche, asustando a la gente en plena noche antes de volver a su cuerpo al primer canto matutino del gallo. Si alguien ve la cabeza incorpórea y le ofrece una aguja, al día siguiente, la mujer (entera) se ve obligada a devolvérsela, revelando la identidad de la Cumacanga.

La Perna Cabeluda («Pierna Peluda»), otra parte mítica del cuerpo con mente propia, es una pierna cubierta de pelaje grueso y oscuro que rebota o salta por las calles en plena noche, cuando todo el mundo duerme. Si se cruza con un borracho o un adúltero, le pondrá la zancadilla o le dará una fuerte patada.

Esta historia comenzó como una broma en los años 70, cuando un oyente de un programa de radio de Recife afirmó que había encontrado la pierna en su cama, y su mujer le dijo que era un ser autónomo que había llegado allí por sí mismo. Esta historia pareció captar la imaginación del público y, en poco tiempo, se convirtió en parte integrante del folclor brasileño.

Algunos afirman que era la extremidad de un hombre malvado que mató a su madre a patadas, y otros dicen que era parte de un cuerpo desmembrado que el diablo arrojó desde el infierno. También se rumorea que ahora tiene ojos y boca en la rodilla, lo que sugiere que la historia puede seguir desarrollándose con el paso de los años.

Capítulo seis - Serpientes, culebras y gusanos

En el sur de Brasil, se cree que una mítica serpiente anfibia o gusano conocido como el Minhocão vive o vivió una vez en las profundidades de la tierra y bajo el agua. Descrito como un enorme monstruo con duras escamas negras y posiblemente cuernos, se dice que su cuerpo mide aproximadamente de 20 a 50 metros de largo (65 a 165 pies), pero podría llegar a medir 80 metros (260 pies). Provoca temblores de tierra y desprendimientos al excavar bajo tierra.

El Minhocão de Parí que merodea por el río Cuiabá en el estado de Mato Grosso es un ejemplo bastante conocido. Se dice que ataca y se come a los pescadores de ese río cuando los peces están desovando. Otras veces, se revuelca en el barro, creando grandes zonas pantanosas y dañando las carreteras. Incluso arrastra ganado y caballos a su guarida.

A diferencia de muchas de las criaturas mitológicas y legendarias de Brasil, existen varios avistamientos documentados del Minhocão y algunas especulaciones sobre sus orígenes. En el estado de Paraná, un joven vio cómo un pino caía repentinamente al suelo. Cuando se apresuró a investigar, se dio cuenta de que la tierra se movía debajo de él y vislumbró una enorme criatura parecida a un gusano con dos cuernos que se desplazaba por el barro. En ese mismo estado, una mujer que se dirigía a un estanque cercano por agua encontró la zona destrozada y un animal del tamaño de una casa arrastrándose. Otras personas llegaron demasiado tarde para ver a la bestia, pero sí vieron el rastro que su cuerpo había dejado tras de sí.

Un ingeniero llamado Émile Odebrecht hizo una vez un reconocimiento de las tierras altas de Santa Catarina. Registró varias zanjas profundas, irregulares e inexplicables que discurrían junto a un afluente. Se pensó que habían sido causadas por el movimiento del Minhocão.

En 1849, apareció la descripción de un Minhocão muerto. Este relato afirmaba que la piel de la criatura era tan gruesa como la corteza de un pino y tenía escamas como las de un armadillo. El respetado biólogo alemán Fritz Müller teorizó que tal vez el Minhocão podría ser algún tipo de armadillo gigante que se creía extinguido. También sugirió que podría tratarse de un pez pulmonado sudamericano de gran tamaño, ya que se decía que era más activo durante los periodos prolongados de lluvia.

El Minhocão no es la única serpiente de agua monstruosa de la mitología brasileña. La boiúna («serpiente gigante») es una presencia malévola que acecha en los rincones más oscuros de los ríos, lagos y lagunas. La boiúna es una serpiente tan colosalmente grande que se dice que los surcos provocados por su gran cuerpo ondulante en los bajíos han formado los ríos que fluyen desde el Amazonas. Esta serpiente emite un ominoso sonido retumbante y tiene grandes ojos brillantes. Algunos de los grupos indígenas del Amazonas creen que no se trata de un espíritu solitario, sino más bien de la criatura que se desarrolla a partir de una boa constrictor que sigue creciendo más allá de los aproximadamente dieciocho pies (seis metros), su longitud máxima.

La capacidad de cambiar de forma de la boiúna no se limita a las formas humanas o animales. Es capaz de asumir la forma de un barco fantasmal o de un vapor. Cuando adopta esta forma, da cruelmente esperanzas de rescate a quienes se encuentran en peligro en el agua. Con sus propias canoas volcadas o hundiéndose, nadan hacia la extraña embarcación que les promete la salvación, sin darse cuenta de que se precipitan hacia su perdición.

También ataca directamente a los humanos que encuentra en las aguas que considera su territorio y los arrastra a las profundidades. Allí, se atiborra de ellos en las cuevas submarinas que ella misma ha excavado. En una historia más rocambolesca, los lleva a un reino submarino para los muertos y los transforma en serpientes de río.

Mientras nada, la boiúna deja un rastro delator en forma de V sobre la superficie del agua. A menudo se le considera un protector de la vida acuática, pero su presencia en el agua es suficiente para impregnar a las mujeres que se bañan o nadan en esas aguas.

La boiúna tiene un lado más siniestro y sobrenatural. Sus ojos luminosos le confieren la capacidad de hipnotizar a sus víctimas. Entonces puede robarles sus sombras, dejándolos morir como un *assombrado* («uno sin sombra»), un fallecimiento horrible y miserable, ya que la víctima se consume al cabo de unos días.

En el río Tocantins había una boiúna llamada Norato que salía con frecuencia del agua y se disfrazaba de joven apuesto. Bailaba y festejaba con los humanos, dejando su piel de serpiente en la orilla del río para que estuviera lista para su regreso. Esto funcionó bien durante algún tiempo hasta que olvidó por descuido ocultar su piel en su afán por bailar. Un transeúnte la encontró. Suponiendo que podría pertenecer a una boiúna, lo quemaron. Norato regresó a la orilla del agua tras una noche de alta vida, pero fue incapaz de encontrar su piel y se vio obligado a seguir siendo un humano.

A diferencia de algunos de los monstruos de los mitos brasileños, la boiúna se considera inteligente. Cuando se la invoca durante una sesión espiritista, puede divulgar muchas cosas sobre el inframundo, al menos según los espiritistas.

Sus poderes hipnóticos también pueden afectar a los barcos, dejándolos estáticos e incapaces de moverse en aguas remotas. Muchos marineros a lo largo de los tiempos se han preguntado si las dificultades mecánicas de su embarcación pueden deberse a los poderes de la boiúna.

Se puede matar o desencantar a la boiúna. Tras atraerla a la orilla del río con un cuenco de leche fresca, hay que degollarla rápida y limpiamente, y luego su asesino debe partir rápidamente sin dar marcha atrás.

Las bellísimas cataratas de Iguazú («Gran Agua») están situadas en la frontera entre Brasil y Argentina. Son las cataratas que Eleanor Roosevelt llamó célebremente «Niágara pobre» cuando las visitó. Estas cataratas han sido sagradas para los indígenas tupí-guaraníes que vivían en los alrededores desde tiempos remotos. Algunos adoraban al dios serpiente M'Boi, que exigía sacrificios humanos de vez en cuando.

Hace mucho tiempo, había una muchacha llamada Naipi, hija de un jefe, que era muy hermosa. Su belleza era tal que los ríos dejaban de fluir cuando ella miraba su reflejo en sus aguas. M'Boi exigió que se la entregaran. Sin embargo, Naipi ya se había enamorado de Tarobá, un apuesto joven de una tribu vecina. No tenía intención de dejar que M'Boi se quedara con su amada y se las arregló para rescatarla en su canoa.

La noche anterior a la ceremonia de sacrificio, Naipi huyó. Remaron a lo largo del río, pero M'Boi descubrió rápidamente lo que había sucedido. Furioso, empezó a mover sus inmensas espirales. Mientras se movía, la tierra se desplazó de tal forma que la canoa se vio obligada a saltar por encima de las cataratas. En algunos relatos, la pareja cae eternamente.

En otras historias, Naipi fue convertida en una piedra central distintiva por su desobediencia y falta de respeto al dios del río. Está destinada a ser golpeada por la caída de las aguas para siempre. Tarobá se convirtió en una palmera al borde de un acantilado donde debe contemplar el tormento de su amante. Permanece allí, incapaz de ayudar a su amor. Ambos son vigilados por el vengativo M'Boi desde su guarida submarina, una cueva conocida como Garganta del Diablo. De vez en cuando, los arcoíris forman el tramo que va desde la piedra de Naipi hasta el árbol de Tarobá, una manifestación de su amor, algo que ni siquiera M'Boi pudo destruir.

La boitatá es una bestia legendaria parecida a una serpiente que habita en la tierra y que suele tener poderes hipnóticos similares a los de la boiúna. Sin embargo, es bastante más etérea y a menudo se describe como una especie de serpiente de fuego compuesta enteramente de llamas de colores. A veces, puede aparecer como una bola de fuego que flota, vuela o se suspende en el aire. Es posible que este mito esté fuertemente influenciado por el fenómeno llamando en inglés *will-o-the-wisp* («fuego fatuo»), las pálidas llamas que se producen de forma natural sobre los pantanos al atardecer.

La versión más serpenteante de esta entidad puede respirar fuego y a veces se describe como si tuviera dos cuernos. Puede disfrazarse de rama de árbol en llamas y tiene ojos brillantes que ciegan o desequilibran las mentes de quienes los miran, o puede hipnotizarlos lo suficiente como para comerse sus ojos. A cualquiera que tenga la desgracia de ver a la boitatá se le advierte que permanezca lo más quieto posible con los ojos cerrados y que rece para que pase rápidamente.

Paradójicamente, el propósito de esta serpiente de fuego es proteger la tierra de los cazadores furtivos que incendiarían los bosques. Su objetivo es asustar a los leñadores que pretenden talar los árboles.

La versión del mito que se cuenta en Río Grande do Sul explica cómo surgió la selva de la oscuridad primordial cuando comenzaron las inundaciones. La mayoría de los animales se aventuraron en las tierras más altas. El Boiguaçu, una serpiente que vivía en una cueva, era la única criatura capaz de ver en la oscuridad. Se alimentaba de los animales y se comía sus ojos hasta que los suyos brillaron y resplandecieron como dos pequeños soles. Su cuerpo creció hasta alcanzar una gran longitud y luego empezó a arder. El cuerpo del Boiguaçu pereció al consumirse. Toda la luz de los ojos brotó de ellos y creó el sol. La boitatá nació al mismo tiempo, volando por los cielos de la selva en un remolino de llamas.

En algunas regiones del noreste de Brasil, la boitatá es una especie de cajón de sastre para todas las almas malignas que han vivido y luego han muerto. Al sur, el mito se ha enredado con la historia bíblica de Noé y el arca. En ella, las serpientes que sobrevivieron al diluvio universal, que se decía que había liberado a la tierra de la maldad, fueron castigadas con fuego. Cada una estaba llena de llamas.

Las Serpentes de Igreja, «serpientes de iglesia», son otro fenómeno de la mitología brasileña. Existe la idea de que unas inmensas serpientes duermen bajo tierra desde hace siglos. Deben permanecer imperturbables o, de lo contrario, los edificios religiosos situados directamente sobre sus cabezas o las puntas de sus colas serán destruidos. A veces, la ciudad entera quedará reducida a escombros.

Hay una serie de rituales o procesiones locales necesarios para mantener a las serpientes dormidas, y todavía se realizan en São Luís en Maranhão, Lages en Santa Catarina, Itacotiara en Amazonas, Araraquara (se dice que esta serpiente en particular es un niño encantado) y Taubaté en São Paulo, y Belém y Óbidos en Pará. Con el tiempo, sin embargo, estos esfuerzos serán inútiles, ya que la serpiente despertará cuando crezca tanto que su cola entre en su boca.

La zona rural de Santarém, en la parte baja del Amazonas, en el estado de Pará, al norte de Brasil, alberga la historia de Cobra Honorato (o Norato) y Maria Caninana. La leyenda se desarrolla en una aldea cercana a las orillas de un río donde una joven descubrió que esperaba un bebé. No había mantenido relaciones sexuales, pero se había bañado en el río. En algunas versiones de la historia, es atacada por la boiúna. Cuando llegó su hora, dio a luz a dos serpientes negras.

Antes de que pudieran escabullirse, su vieja comadrona de Tapuya los bautizó Honorato y María. Las dos mujeres les permitieron volver al agua de donde habían descendido. Las dos serpientes crecieron hasta la madurez en el río. La serpiente macho, la cobra Honorato, era buena y reflexiva. Su filiación medio humana le permitía en ocasiones salir del río al anochecer y transformarse en un joven muy apuesto vestido todo de blanco. En estas veladas, se dirigía tranquilamente a la casa de la anciana Tapuya, su madrina, y comía con ella. La trataba con mucho respeto y a menudo se quedaba con ella hasta que llegaba la hora de volver a meterse en su inmensa piel de serpiente y deslizarse de nuevo por las aguas. Su madrina lo quería mucho.

Cobra Honorato también se aseguró de ayudar a los aldeanos siempre que pudo. Luchó contra los depredadores que podían diezmar los peces de los que dependían y, en una ocasión, pasó tres días luchando contra los siluros del río Trombetas que habían empezado a robar peces del río Claro. Salvó a varias personas de ahogarse en el río y rescató embarcaciones y canoas dañadas.

Su hermana, Maria Caninana, no compartía la personalidad de su hermano. Era despiadada y agresiva. Nada le gustaba más que hacer la vida desagradable a la gente que a su hermano le gustaba ayudar. Nunca visitaba a su madrina. En lugar de eso, prefería atacar a figuras solitarias que cazaban marisco a la orilla del agua y encontrar marineros que se aferraban a los restos de sus barcos tras ser golpeados por una tormenta y los arrastraban hasta el fondo del río.

En el puerto fluvial de Óbidos, en el estado de Pará, hay una colosal serpiente enroscada bajo el municipio, profundamente dormida. Se supone que su cabeza está bajo el altar dedicado a Santa Ana en Notre-Dame, mientras que el extremo de su cola yace en el fondo del río. Todo el mundo es consciente de que si despertara, la iglesia se derrumbaría y el desastre se abatiría sobre la población de esa región.

María Caninana peinó cuidadosamente el lecho del río, buscando el extremo de la cola de la serpiente. Cuando por fin encontró la cola, la mordió con fuerza, con la esperanza de causar estragos. La serpiente se agitó, provocando un temblor en todo el puerto, pero no despertó.

Cobra Norato se dio cuenta de que su hermana nunca detendría su campaña para sembrar la miseria en el pueblo de su madre, así que, con el corazón encogido, la mató. Tras pasar un tiempo a solas para asimilar lo que había hecho, Cobra Norato regresó a la aldea. Dejó su piel de serpiente a la orilla del agua, como hacía cuando visitaba a su madrina, y se encontró con que el pueblo estaba compartiendo una comida. Cuando lo vieron vestido de blanco, le dieron la bienvenida y le pidieron que comiera con ellos.

Cobra Norato bailaba con las chicas y charlaba con los hombres. Fue respetuoso con los ancianos y todos quedaron encantados con este joven educado y de buenos modales. Cuando la fiesta llegó a su fin, desapareció. Justo cuando sus nuevos amigos se dieron cuenta de que se había ido, oyeron el sonido de una gran serpiente que se zambullía en el río.

Cobra Norato se convirtió en un visitante habitual del pueblo. Todos los años suplicaba que alguien rompiera la maldición para poder seguir siendo un joven apuesto. Les decía que si lo encontraban dormido en su forma de serpiente en la orilla del río, con la boca abierta, harían falta tres gotas de leche materna en su lengua y un corte en la cabeza con una cuchilla que no se hubiera usado antes. Sus grandes mandíbulas se cerrarían de golpe y, después de que tres gotas de sangre brotaran de la herida de su cabeza, se alejaría de sus restos reptiles para disfrutar de una vida mortal. A continuación, su piel desprendida sería quemada para que nadie más pudiera sufrir el mismo terrible encantamiento.

Aunque los aldeanos sentían una gran simpatía por Cobra Norato, eran pocos los valientes que se acercaban a él mientras dormía. Sus enormes y afilados colmillos eran aterradores de contemplar. Todos sus allegados llevaban consigo viales de leche materna y espadas nuevas, con la esperanza de poder ayudar, pero no podían obligarse a acercarse a él para el ritual que tanto ansiaba.

Abatido, Cobra Norato se dedicó a nadar cada vez más lejos del pueblo, siempre con la esperanza de encontrarse con alguien dispuesto a ayudarlo. Finalmente, llegó al pueblo de Cametá. Allí, mudó de piel y se mezcló con la gente del lugar. Les contó su difícil situación. Un soldado lo escuchó y estaba decidido a ayudar al pobre joven.

Cogió un tarro de leche materna y encontró a Cobra Norato durmiendo en la orilla del río con la boca abierta, tal y como le había dicho. Sin pensar en su propia seguridad, el soldado hizo lo que el joven le había pedido. Mientras la sangre rezumaba de su cabeza, la maldición fue levantada y Cobra Norato pudo por fin empezar una nueva vida como humano.

Capítulo siete - Los fantasmas brasileños

Los niños brasileños han sido alentados a comportarse por miedo a una variedad de entidades viles, muy parecidas al hombre del saco o coco. Se cree que la mayoría de estas entidades están influenciadas por las tradiciones africanas, con sus historias contadas por los esclavos negros llevados a Sudamérica por los colonos portugueses. Estas historias, sin embargo, se han transformado a medida que pasaban de generación en generación.

Tutu Marambá es una de estas horribles criaturas. Come niños, y su área de interés son aquellos niños que no se duermen. Suele describirse como un enorme vacío de la nada que se esconde tras las puertas de las habitaciones de los niños, aunque algunas historias dicen que es un ogro inmensamente fuerte y peludo que huele y suena como un pecarí. Otra versión, prevalente en el estado de Bahía, que une estas dos ideas, ve a Tutu Marambá como una criatura de sombra que es capaz de transformarse en un cerdo salvaje para utilizar la velocidad y la fuerza de esa criatura.

La única forma conocida de proteger a los niños de la atención de Tutu Marambá es con canciones y nanas, que se cantan suavemente a un bebé a la hora de dormir.

«*Bicho Tutu, sai de cima do telhado.*

¡Deixa esse menino dormir sossegado!»

«Tutu, bájate del tejado.

¡Dejen que este niño duerma en paz!»

Sin embargo, en las regiones del sur de Brasil, Tutu Marambá era un antiguo guerrero. Era un hábil lancero que nunca fallaba en abatir a su objetivo, fuera hombre o bestia, y defendía y protegía diligentemente a la gente de su aldea. Su fama se extendió con sus valerosas hazañas, y su pueblo disfrutaba viviendo en seguridad y trataba a su campeón con gratitud y respeto.

Pero esta paz se hizo añicos cuando un ejército de extranjeros lanzó un ataque. Tutu Marambá fue asesinado por un dardo envenenado mientras luchaba por salvar su aldea. Apenado, el pueblo lo lloró y llevó su cuerpo a un lugar sagrado donde sería recordado para siempre. Cuando lo enterraron, su alma se elevó como un hermoso pájaro blanco, y esta especie ha llegado a representar el coraje y la valentía. No hay una razón clara por la que el antiguo guerrero se convirtió en un horrible hombre del saco, pero probablemente se deba a la confusión provocada por sus nombres similares.

Los esclavizados africanos introdujeron o asumieron el Tutu Marambá como parte de su cultura en Brasil. Las canciones e historias que compartían con sus hijos fueron transmitidas a los hijos de estos, y así sucesivamente. Su nombre deriva probablemente de la palabra kimbundu para «ogro». Esta lengua era hablada por los habitantes de la región angoleña del continente africano.

Los indígenas de las regiones septentrionales llaman a esta entidad Tutu Zambê, un monstruo de piernas deformes y torcidas —a menudo lisiado— y a veces sin cabeza. Este no tiene la paciencia del Tutu Marambá. En lugar de esperar en las puertas, prefiere vagar por los bosques en busca de víctimas jóvenes o vulnerables.

Los niños que lloran en el estado brasileño de Minas Gerais corren el riesgo de ser devorados por la Chibamba, una bestia mitad humana, mitad bestia que se cubre con hojas de plátano. Se mueve constantemente como si bailara y se cree que tiene su origen en antiguas historias africanas llevadas a Brasil por los trabajadores esclavizados de las plantaciones portuguesas.

La Cabra Cabriola es otra criatura temida por los niños, pero esta entidad tiene su origen en el folclore portugués. Se trata de una horrible cabra nodriza con ojos y orificios nasales llameantes que se come a los niños y niñas traviesos. Puede entrar en las casas abriendo las puertas o trepando desde los tejados. Se dice que cuando los niños pequeños lloran mientras duermen es porque la Cabra Cabriola se ha hecho con otra víctima para darse un festín.

Sus pies repiquetean mientras corre por los tejados y canta a ese ritmo una cancioncilla un tanto maníaca:

«*Eu sou a Cabra Cabriola*

Que como meninos aos pares

Também comerei a vós

Uns carochinhos de nada!»

«Soy Cabra Cabriola

que se come a los niños por parejas,

y también te comeré a ti,

que no eres nada».

Los padres de los estados noroccidentales de Sergipe, Bahía y Alagoas que temen que sus hijos estén en peligro por esta monstruosa cabra, les aconsejan que se pongan de rodillas y recen. Esta es solo su esperanza cuando se acerca a sus casas.

Hay una canción de cuna brasileña que se canta a los bebés y a los niños pequeños con una ominosa advertencia:

«*Nana nenén que a Cuca vem pegar*

Papai foi para a roça, mamãe foi trabalhar».

«Nena, esa Cuca viene a por ti,

papá se ha ido a la granja y mamá a trabajar».

Cuca es una bruja de tradición europea que ha encontrado su lugar en el folclore brasileño. Es una bruja horrible y hechicera empeñada en secuestrar y hacer daño a los niños. La primera Cuca salió de un huevo al principio de los tiempos y, al cabo de mil años, se convirtió en un pájaro cantor famoso por su lúgubre canto. Después, una Cuca recién nacida ocupa su lugar.

A diferencia de sus primas brujas europeas, Cuca es un espíritu que invade los sueños y el subconsciente, asustando a sus víctimas con las pesadillas más terroríficas. Solo duerme una noche cada siete años.

Otra amenaza más para los niños, esta vez en la región de Recife, es el Palhaço do Coqueiro («el payaso del cocotero»), un horrible payaso que roba niños para vender sus órganos. Se trata de una corrupción reciente de un payaso mítico que tuvo tan poco éxito en sus esfuerzos por entretener al público del circo que huyó. Enloquecido por su fracaso, se sube a los cocoteros para ver la luna, que parece sonreírle.

Cuando la luna mengua o en las noches nubladas, baja e intenta divertir a la gente con la que se cruza. Si no se ríen, vuela hacia ellos furioso y a menudo los mata.

Papa-Figo («devorador de hígados») también busca un suministro de niños para descuartizar. Es un anciano de nariz larga y dientes y garras afilados. Lleva un gran saco a la espalda en el que mete los cadáveres de los niños que dicen mentiras. Si no puede hacerse con niños adecuados, cogerá cadáveres frescos de los cementerios.

Se supone que padece alguna enfermedad, probablemente la enfermedad parasitaria tropical de Chagas, potencialmente mortal, que se declaró en el noreste de Brasil. Cree que comer hígados de niños lo ayudará a curarse. El tratamiento habitual para los enfermos de Chagas era la punción del hígado.

En el estado de Bahía, existe otra entidad coco, el Quibungo. Esta criatura verdaderamente espantosa, que se cree que procede de la tradición de Angola y el Congo, es un híbrido de criaturas, entre las que se incluyen un simio, un perro feroz y, a veces, un cerdo salvaje. Se distingue de otras bestias fantásticas brasileñas por la segunda boca enorme de su espalda, que utiliza para devorar enteros a los niños.

En un cuento muy difundido, el horrible Quibungo encontró una tarde a una niña jugando sola al aire libre. La agarró con su segunda boca y se largó, con la intención de disfrutar comiéndosela a sus anchas de vuelta en su cueva.

La niña empezó a cantar desde el interior de la boca del Quibungo, pidiendo a su madre que viniera a salvarla. Su madre, sin embargo, le había advertido que no jugara sola en la oscuridad. Aunque oyó la triste canción, se negó a ayudar.

La niña siguió cantando, pero sus otros parientes adoptaron la misma postura que su madre y nadie hizo ningún esfuerzo por salvarla hasta que Quibungo se acercó a la casa donde vivía la abuela de la niña. Esta anciana llenó rápidamente una olla con agua hirviendo. Al pasar, confiada en que no le desafiarían por su cena, le arrojó el agua sobre los pies, quemándolo.

Cuando el Quibungo cayó de rodillas en agonía, su boca trasera se abrió para aullar de dolor, y la niña saltó. Su abuela no había terminado con el desalmado devorador de niños. Lo apuñaló en el cuello con un pincho encendido, matándolo.

La niña se quedó con su abuela y no volvió a salir a jugar por la noche, ya que había muchos más quibungos dispuestos a arrebatarle una apetitosa cría.

Los cuentos con moraleja no se limitan a los personajes del hombre del saco. También hay personajes de tipo brujo influidos por la tradición europea; estas figuras tienen probablemente su origen en la cultura portuguesa que se desarrolló en Brasil.

En el folclore de las regiones del norte de Brasil, Matinta Pereira era una anciana con la capacidad de transformarse en pájaro. Se decía que, en su forma más primitiva, podía comunicarse con los animales en su propio idioma y que tenía la capacidad de controlar el clima e incluso convocar tormentas. Su historia ha evolucionado desde entonces. En lugar de ser la mujer sabia del bosque con poderes musicales para inspirar asombro y respeto, con el paso de los siglos se convirtió en un personaje mezquino y más desagradable.

Bajo su forma más reciente, es una bruja que puede convertirse en un pájaro. Generalmente, se cree que es el cuco rayado, aunque algunos dicen que es una lechuza común. En esta forma, vuela sobre los tejados de las casas por la noche y emite espantosos chillidos y graznidos para que la gente que está dentro no pueda conciliar el sueño. Solo detiene este alboroto si le ofrecen un regalo —normalmente café o tabaco— y se va volando.

Al día siguiente, llega a la misma casa, esta vez en su forma humana, para recoger el regalo prometido. Si no llega, los maldice con la promesa de la enfermedad o la muerte.

Se cree que esta bruja Matinta Pereira es una maldición hereditaria que se transmite de madre a hija. Si no hay heredera de este horrible maleficio, puede intentar transmitirlo si encuentra a alguien que esté de acuerdo. Las mujeres vanidosas y codiciosas corren especial riesgo de ser engañadas para que asuman esta responsabilidad.

Los pueblos decididos a librarse de Matinta Pereira tienen un ritual especial. Se debe enterrar una llave cerca de donde se espera que ella aparezca. Se colocan unas tijeras sobre la tierra, cubriéndola, junto con un rosario (para obtener mejores resultados, cada cuenta debe bendecirse por separado). Cuando Matinta Pereira camine sobre ella, su espíritu quedará atrapado, y su maldición debe ser barrida con una escoba para asegurarse de que no supure.

Pisadeira («Mujer del sello») es otra entidad parecida a una bruja. Se la describe como una bruja con ojos de diablo. Es más conocida en la región de Minas Gerais, sobre todo en São Paulo.

Tiene la horrible risa a carcajadas, sinónimo de las brujas, y desprende un olor fétido y pútrido. Físicamente, tiene la nariz grande, la barbilla respingona y la boca torcida y ancha. Puede ser delgada o gorda. A menudo se la representa con dedos largos y huesudos y vestida con harapos raídos, a veces con un gorro rojo.

Trepa por los tejados en busca de personas glotonas que se han ido a la cama con el estómago lleno tras haber comido demasiado. Cuando encuentra a alguno, se sube sobre ellos para que no puedan respirar.

La Pisadeira se utilizaba para explicar el fenómeno de la parálisis del sueño y tiene similitudes con el concepto del íncubo, del que se dice que causa pesadillas y terrores nocturnos entre los europeos. La Pisadeira fue el tema de algunos versos de la célebre poetisa brasileña Cora Coralina (*un nom de plume de Anna Lins dos Guimarães Peixoto Bretas*), «La Pisadeira viene, no te deja dormir, y por la mañana, estás roto como el infierno».

Los folcloristas creen que Pisadeira podría haberse desarrollado a partir del personaje mítico portugués Fradinho da Mão Furado. Se trata de un fraile que molesta a los durmientes. Cuando se despiertan, les presiona el pecho con las manos para que dejen de gritar.

Capítulo ocho -Influencias africanas

En la mitología brasileña, varias leyendas se remontan a las primeras historias portuguesas y moriscas. Por ejemplo, las historias de bellas princesas que son maldecidas para que guarden tesoros e historias de princesas serpientes han impregnado el folclore del norte de Brasil.

En la Edad Media, el pueblo musulmán norteafricano (a menudo conocido como los moros) entró frecuentemente en conflicto con los europeos en la península ibérica. Durante setecientos años, las fuerzas árabes y moras estuvieron presentes en la región y fueron derrotadas en España únicamente cuando comenzó la Era de las Exploraciones en 1492.

La presencia de los moriscos tuvo un profundo impacto en la cultura ibérica, sobre todo en la literatura y la arquitectura. Pero con su derrota y la creación de los países modernos de España y Portugal, los moriscos fueron tratados con desdén, llegando a ser esclavizados como mano de obra barata y enviados con frecuencia al otro lado del Atlántico para ayudar a construir las nuevas colonias en Sudamérica.

Jericoacoara, en el municipio de Jijoca, Ceará, tiene un faro. Se dice que bajo él, cerrada por enormes puertas de hierro, se encuentra una ciudad maravillosa llena de belleza y riquezas. Sin embargo, las puertas de esta ciudad están custodiadas por una enorme serpiente con escamas de oro y la cabeza y los pies de una mujer, una princesa encantada llamada Carolina, la *princesa encantada de Jericoacoara*.

Su maldición solo puede ser levantada después de que se haya realizado un sacrificio humano inmediatamente fuera de las puertas de la ciudad. Parte de la sangre de ese desafortunado debe pintarse a lo largo de su escamosa espalda. Entonces, volverá a ser la bella princesa que era, se abrirá su magnífica ciudad de las riquezas y se casará con su salvador (que tiene un carácter cuestionable, ya que acaba de masacrar a un inocente con una premisa un tanto imprecisa). Este héroe se convertirá en señor y rey de su reino.

Otro de estos mitos perdurables que se cree que tiene sus raíces en la llegada de los colonos portugueses es la historia de Teiniaguá, otra princesa mora.

La bella Teiniaguá consiguió escapar de la brutal atención de sus opresores españoles y huyó al sur de Brasil. Allí se encontró con Anghangá, que enseguida la maldijo. Se convirtió en una salamandra con un reluciente rubí en la cabeza. Está destinada a permanecer en una laguna del cráter de Jarau, en la cuenca del Paraná, Río Grande do Sul.

En la cercana y pequeña ciudad de São Tomé, había un joven sacristán que servía a los sacerdotes en la iglesia. Visitó la laguna y, cuando vio la salamandra, la capturó en un cuerno de toro y se la llevó a su alojamiento en la iglesia.

En otra versión de la historia de Teiniaguá, el sacristán estaba distraído por un sonido burbujeante que parecía provenir del corazón de la laguna. El ruido pareció hacerse cada vez más fuerte hasta que tuvo la certeza de que toda la laguna estaba hirviendo. Entonces, una luz sobrenatural procedente de debajo del agua empezó a hacerse más brillante y a elevarse en forma de bola como si se dirigiera hacia él. Aterrorizado, el sacristán intentó huir, pero se dio cuenta de que era incapaz de moverse. De repente, en un destello, la luz se transformó en una salamandra enjoyada con un rubí en la cabeza. El joven la capturó rápidamente en un cuerno de toro y se la llevó a su alojamiento en la iglesia.

Recordó haber oído una vieja historia sobre un lagarto encantado que, si se le trataba bien, guiaría a un buen hombre hasta una cueva llena de tesoros. Se preguntó si el cuento sería cierto. Abrió con cuidado el cuerno, dispuesto a alimentar a la salamandra, cuando se produjo un destello cegador. Una joven encantadora salió del cuerno y se hizo cada vez más grande hasta que quedó claro que era humana.

El sacristán nunca había visto tal perfección y se preguntó si había capturado a una diosa en la laguna. Cayó de rodillas asombrado, y entonces, volviéndose hacia él, ella habló. Le dijo que había sido maldecida por un asqueroso demonio y le explicó que era una princesa desafortunada. Cuando el sacristán trató de disculparse por su humilde entorno, que no correspondía con su belleza y estatus, ella rio suavemente. Cuando miró a su alrededor, su espartana habitación se había amueblado con el mobiliario más rico y exótico. Las oscuras paredes brillaban ahora con luz resplandeciente, como si estuvieran incrustadas de piedras preciosas y perlas, y el aire estaba perfumado con una fragancia dulce y embriagadora.

Teiniaguá le dijo entonces al asombrado joven que sería su amante. Los dos pasaron la noche juntos en su habitación encantada, pero por la mañana, ella desapareció. El pobre sacristán estaba exhausto y desolado. Tenía un aspecto horrible, con sus ojos cansados y enrojecidos y le costaba concentrarse en su trabajo, lo que preocupaba a los sacerdotes. Se preguntaban qué podía pasarle a su joven ayudante, que normalmente era tan diligente.

Por su parte, el sacristán estaba preocupado por sus pecados y ansiaba confesarse, pero no se atrevía a traicionar a Teiniaguá. Esa noche, cuando él se retiró a su habitación, ella regresó y volvieron a amarse. A partir de entonces, ella acudió a él todas las noches.

Una noche, Teiniaguá pidió al sacristán que le dejara probar el vino de la comunión. Incapaz de negarse a su amada, fueron a la iglesia y bebieron cáliz tras cáliz del vino sagrado. Después de hacer el amor junto al altar, se quedaron dormidos.

A la mañana siguiente, el sacristán se despertó, pero no estaba solo. Los sacerdotes lo encontraron rodeado de los atavíos de su libertinaje, pero Teiniaguá, como de costumbre, había desaparecido. La gente del pueblo quedó horrorizada por su comportamiento y, como se negó a decir con quién había estado en la iglesia, fue condenado a muerte. El joven estaba destrozado por la vergüenza y la culpa, pero aún más por la idea de no volver a ver a su princesa.

Una multitud se reunió para contemplar su ejecución. De repente, un rayo salió como de la nada y una figura resplandeciente surgió de la laguna. Teiniaguá, resplandeciente en su belleza, apareció ante la multitud, que huyó despavorida. Se volvió hacia el sacristán y lo condujo a las cuevas del cerro do Jarau, donde permanecieron durante doscientos años, custodiando allí el tesoro de fábula.

Sin embargo, este encantamiento no era permanente. Podía romperse si alguien completaba siete pruebas específicas. Cuando a esta persona se le concedía un deseo, podía pedir que el tesoro y la pareja que lo custodiaba fueran liberados. Al cabo de dos siglos, un hombre completó estas pruebas, pero no pidió nada a cambio. Al marcharse, el sacristán entregó al campeón una moneda de oro.

Pasaron unos días y el hombre se enteró de que uno de sus vecinos vendía su rebaño de ganado, así que fue a comprarse un toro. Cogió la moneda de oro y, para su sorpresa, se multiplicó y siguió multiplicándose hasta que tuvo suficientes monedas para comprar todo el rebaño.

La noticia se difundió rápidamente y la gente se preguntaba cómo este hombre, que tenía fama de pobre, había conseguido comprar el ganado. Llegaron a la conclusión de que debía de haber hecho un pacto con el diablo. Se negaron a comerciar con él y lo condenaron al ostracismo. Pronto, no pudo soportarlo más y devolvió el rebaño a su vecino a cambio de la moneda de oro encantada, y la llevó de vuelta a la cueva.

Cuando se la devolvió al sacristán, se rompió la maldición. Teiniaguá y su sacristán abandonaron la cueva y se instalaron en Río Grande do Sul, donde se dice que los pueblos de herencia ibero-amerindia son sus descendientes.

Hay muchos mitos y leyendas en el canon brasileño que innegablemente tienen su origen en el vergonzoso periodo de la esclavitud.

São Luís es la capital y la ciudad más grande del estado de Maranhão, hogar del pueblo indígena tupinambá. Tiene una historia interesante, sobre todo porque fue fundada en 1612 por un oficial de la marina francesa y pasada a manos portuguesas tres años después. También estuvo bajo ocupación holandesa entre 1641 y 1644. En los últimos tiempos, se ha convertido en el corazón del reggae en Brasil y cuenta con una cultura vibrante y popular.

São Luís también alberga la fantasmagórica historia del carruaje de Ana Jansen. En plena noche, un anticuado carruaje traquetea por las calles. Es tirado por caballos sin cabeza y guiado por un cochero, al que también le falta una cabeza. Por si fuera poco, el traqueteo del carruaje va acompañado de lamentos de almas atormentadas o del chirrido de engranajes necesitados de engrase.

En el interior del carruaje se encuentra Ana Jansen, fuertemente velada, a la que nadie ha conseguido ver. Se dice que en vida fue una malvada propietaria de esclavos que impuso crueles castigos sin motivo alguno. Su embrujo es un intento de expiar su maldad, ya que implora a los transeúntes que recen por su alma desde el interior de su oscurecido carruaje.

Ana Jansen fue una persona real. En el siglo XIX, fue desterrada de la casa familiar cuando se descubrió que estaba embarazada. Entonces mantuvo una relación amorosa con el coronel Isidoro Pereira, el hombre más rico de la provincia. Había hecho una fortuna con sus plantaciones de algodón y azúcar, donde los trabajadores africanos esclavizados proporcionaban la mano de obra pesada.

A su muerte, Ana Jansen se hizo cargo de sus intereses comerciales y tuvo mucho éxito, tanto que Dom Pedro II, emperador de Brasil, la llamó la «reina de Maranhão». Aunque es cierto que tenía más trabajadores esclavizados que nadie en la región, no hay pruebas tangibles de que fuera más cruel que cualquier otro propietario de esclavos.

Incluso en vida, hubo rumores sobre su crueldad y maldad. Se decía que había tenido numerosos romances con figuras prominentes para aumentar su riqueza y estatus. Se suponía que había envenenado el suministro de agua de la ciudad arrojando gatos muertos a los pozos para que los habitantes se vieran obligados a comprarle agua a ella.

Su supuesto trato a los esclavos era increíblemente brutal. Los hacía postrarse boca abajo en el suelo para que ella pudiera caminar sobre ellos y así evitar que sus zapatos se mancharan de barro cuando llovía. Cualquier esclavo que ella considerara desobediente o demasiado bonito sería arrojado a un pozo de pinchos. Se decía que la gente de Maranhão la odiaba. Un comerciante vio en ello una oportunidad de negocio. Encargó un gran número de *penicos* (bacinillas) con una imagen de su rostro en el fondo. Ana Jansen se enteró y envió discretamente a su personal a comprarlos todos. Días después, este comerciante abrió la puerta de su casa y se encontró con que todos los *penicos* habían sido abandonados allí. Estaban llenos de excrementos humanos.

Parece haber pocas dudas de que su reputación fue embellecida o incluso completamente inventada. Este mito es un buen ejemplo de cómo se vilipendia a las mujeres por sus éxitos.

Existe una leyenda sobre la procesión de los muertos que comparte elementos de la historia de Ana Jansen. Trata de una vieja entrometida que se pasaba el tiempo en su ventana, espiando a sus vecinos en busca de cualquier cosa de la que pudiera cotillear. Era muy conocida por su comportamiento poco caritativo y sus maneras rencorosas.

Un Miércoles de Ceniza, a altas horas de la noche, estaba en su ventana, como de costumbre, cuando vio una procesión de figuras encapuchadas abriéndose paso lentamente por la calle. Ella sabía que la iglesia no había planeado tal procesión y, en cualquier caso, era demasiado tarde para tales actividades. A pesar de ello, permaneció pegada a la ventana, desesperada por saber qué ocurría.

Cuando las figuras pasaron por delante de su casa, una de ellas le entregó una vela y luego desaparecieron. Sin nada más que ver, la anciana se fue a la cama, pero a la mañana siguiente, fue a recoger la vela, solo para descubrir que era un hueso humano. Sobra decir que se dio cuenta de la insensatez de sus actos y nunca más volvió a husmear ni a cotillear.

Algunos creen que esta procesión de espíritus que caminan a medianoche son los espíritus de los pueblos africanos llevados a Sudamérica por los europeos que nunca volvieron a ver a sus familias ni sus tierras natales. Por ello, sus vidas están incompletas y necesitan marchar para conseguir algún tipo de cierre antes de que sus almas puedan pasar al otro mundo.

También se cree que la procesión es un presagio de la muerte. Se dice que el líder de los manifestantes fantasmales llama a la puerta de la próxima persona de la comunidad que va a morir.

En la tradición de partes del cuerpo flotantes embrujadas que impregna la mitología brasileña, existe una mano incorpórea de piel negra y peluda. Se cree que esta presencia mítica se materializa sobre todo en las regiones del sureste de Brasil y es especialmente frecuente en São Paulo. Se la conoce como Mãozinha-Preta («Manita Negra») o Mãozinha-da-Justiça («Manita de la Justicia»), y se cree que es el espíritu de una persona esclavizada africana llevada a Brasil.

Su razón de ser es ayudar a proteger a los afrobrasileños de los ataques racistas e impartir justicia si alguno de ellos resulta herido. Pellizcará, abofeteará o golpeará a cualquiera que perciba como una amenaza para aquellos a los que protege.

En la época de la esclavitud, los agotados trabajadores negros podían pedir ayuda a la mano cuando estaban abrumados por el trabajo, sabiendo que nunca les haría daño. En una historia, un avaricioso propietario de esclavos la llamó para que hiciera el trabajo de algunos de sus trabajadores, y esta accedió a regañadientes. Pero cuando el dueño de los esclavos le ordenó que golpeara a sus esclavos, se volvió contra él, furiosa, y lo golpeó hasta casi matarlo. Tuvo suerte; algunos dicen que la Mãozinha-Preta estrangula a sus enemigos.

Capítulo nueve - Cuentos populares y de hadas

La historia brasileña del gato de Domingo tiene grandes similitudes con las europeas del Gato con Botas, Dick Whittington y Aladino de *Las mil y una noches*.

Domingo era un joven que tenía un gato al que adoraba. Era pobre y sacrificaba con gusto sus propias necesidades para asegurarse de que su gato estuviera alimentado.

Un día, su gato le dijo que no se preocupara más porque él estaba tomando el control y haría su fortuna. Fue al bosque y cavó un hoyo. Encontró cinco piezas de plata. Compró algo de comida para él y Domingo y luego llevó el resto de la plata al rey.

Al día siguiente, el gato volvió al bosque y desenterró varias piezas de oro, que también llevó al rey. Al tercer día, desenterró diamantes y se los regaló al rey.

Para entonces, el rey ya había empezado a preguntar quién le hacía estos magníficos regalos, y le presentaron al gato. El gato le dijo que eran de su amo, Domingo.

El rey pensó que el tal Domingo debía de ser extremadamente rico y un marido potencial para su encantadora hija. Le pidió al gato que llevara a Domingo a palacio para que pudieran concertar un matrimonio.

Cuando el gato se lo dijo a Domingo, este protestó diciendo que era imposible que se casara con la princesa. ¿Qué podría ponerse? El gato le dijo que no se preocupara y regresó al palacio real. Le contó al rey que había habido un terrible incendio donde se confeccionaba y guardaba la ropa de Domingo, y que sus sastres habían muerto quemados. Le preguntó al rey si Domingo podía pedir prestado algo adecuado. El rey, comprensivo ante esta calamidad, le prestó a Domingo uno de sus mejores trajes.

Domingo se lo puso y parecía un noble príncipe, pero seguía preocupado. ¿Dónde vivirían él y la princesa?

El gato le dijo que no se preocupara y viajó por el bosque hasta una montaña donde vivía un gigante en un palacio. El gato pidió cortésmente al gigante que prestara este magnífico palacio a su amo, pero el gigante se indignó ante la petición y se negó. Rápidamente, el gato convirtió al gigante en un ratón, luego lo mató y se lo comió.

Domingo y la princesa se casaron y navegaron río abajo en una fantástica barcaza hasta el palacio del gigante. Estaba lleno de riquezas más allá de sus sueños más salvajes. Domingo se volvió hacia su gato para agradecerle todo lo que había hecho, pero este se había ido.

El misterioso, inteligente y sabio gato se había ido para traer buena fortuna a otra persona que lo valoraba por encima de todo. Domingo nunca lo olvidó, y vivió una larga y feliz vida con su princesa.

En una historia que explica cómo las palomas se volvieron mansas, un padre tenía tres hijos listos para salir de casa y abrirse camino en el mundo. Les dio a cada uno un melón grande con la advertencia de que solo debían abrirlos con agua.

Siguiendo la tradición de los cuentos, los hermanos tomaron cada uno un camino diferente. Era un día caluroso y el mayor abrió su melón nada más salir para no tener que cargar con él. Para su asombro, una hermosa joven salió de la fruta y le pidió agua o leche. El joven no tenía ninguna de las dos cosas, y ella cayó de rodillas y murió.

El segundo hijo había elegido un camino que lo llevaba cuesta arriba. Rápidamente, pasó calor y se cansó. Pronto sintió una sed insoportable y rompió su melón, ansioso por un poco del jugo que contenía. Al igual que antes, otra encantadora doncella salió de él, pidiéndole agua o leche. Él tampoco pudo proporcionarle ninguna de las dos cosas, y ella murió allí mismo.

El tercer hermano estaba encontrando su viaje igual de difícil. El terreno era difícil, y estaba cansado y tenía sed, pero no olvidó el consejo de su padre. Siguió cargando la pesada y engorrosa fruta.

Finalmente, llegó a un pueblo donde vio una fuente. Después de beber él mismo, abrió el melón y salió una hermosa mujer. En cuanto ella se lo pidió, él le dio un poco de agua, y luego ella se escondió en un árbol cercano mientras él iba a buscar algo de comida para ellos.

Mientras esperaba, observó a la gente del pueblo que se acercaba a la fuente a por agua. Una bonita negrita esclavizada que llevaba una gran vasija en la cabeza no pudo resistirse a admirar su reflejo en el agua. Al contemplar su propio rostro, pensó para sí misma que no debería estar acarreando agua para su vieja y perezosa ama y arrojó la vasija al suelo, rompiéndola en miles de pedazos.

Sin embargo, cuando regresó sin la vasija ni el agua, fue azotada como castigo y enviada de nuevo con una nueva vasija de agua. Mientras se agachaba para llenarlo, oyó a la joven del árbol reírse suavemente. Al darse cuenta de que su momento de vanidad debía de haber sido visto por alguien, sacó con rabia un alfiler de su delantal y se lo clavó a la mujer del árbol. Cuando su afilada punta atravesó su piel, se transformó en una paloma.

El joven regresó y la doncella negra, aterrorizada, se escondió entre las ramas del árbol. Cuando la vio, no entendía qué había pasado, pero la criadita le dijo rápidamente que se había quemado mucho con el sol mientras lo esperaba. Satisfecho, se la llevó consigo y se casaron.

Sin embargo, el joven siempre se sintió incómodo con su novia, y sus quemaduras de sol nunca desaparecieron. Con los años, se hizo muy rico y compró una gran casa para su familia, con un magnífico jardín que se convirtió en su orgullo y alegría. Se deleitaba con las plantas exóticas y perfumadas que podía cultivar, y los pájaros venían de muy lejos para cantar en este lugar tan especial. Cuando el hombre se paseaba por los senderos de su jardín, una paloma parecía seguirlo siempre. El ave volaba constantemente a su alrededor, lo que le resultaba muy irritante.

Cuando su mujer cayó enferma, ordenó que le cocinaran este pichón. Mientras se estaba asando, el cocinero se dio cuenta de que había algo incrustado en la pechuga del ave. Ninguno de los empleados de la cocina pudo sacarlo. Llamó al amo y este pudo arrancar fácilmente el alfiler del pichón. Al instante, se transformó en la encantadora doncella que había salido del melón.

Ante esta mujer, la esposa del hombre lloró al admitir lo que había hecho y luego (convenientemente) murió. La mujer melón y el hombre se casaron y tuvieron una vida larga y feliz, pero ella siempre recordó su vida como paloma. Hasta entonces, estas aves siempre habían vivido en lo profundo de los bosques y lejos de las ciudades. Ella hizo construir casitas en el jardín para que pudieran anidar allí. Con el tiempo, las familias de palomas vieron las casitas y anidaron en ellas, poniendo sus huevos y criando a sus pichones en aquel hermoso verdor.

A partir de entonces, las palomas (según la historia) se acostumbraron a vivir junto a la gente y abandonaron los bosques para anidar en las ciudades de Brasil.

La mandioca, o planta de la yuca, es un arbusto leñoso originario de Sudamérica. Su raíz amilácea es uno de los pilares de la cocina brasileña y puede utilizarse de varias formas diferentes. Se puede utilizar de forma muy parecida a la papa, se puede secar y moler para hacer harina, y tiene probados beneficios para la salud.

El mito de cómo surgió se ha transmitido de generación en generación. Érase una vez, la hija de un jefe importante descubrió que estaba embarazada. Nunca había tenido una relación y no podía explicar cómo había sucedido, pero su padre no la creyó. La castigó cruelmente, exigiendo conocer la identidad del padre de su bebé. Sin embargo, ella no podía decírselo; realmente no tenía ni idea de cómo había sucedido.

Al cabo de nueve meses, dio a luz a la niña más asombrosa. Esta niña, llamada Mani, podía andar y hablar antes de cumplir un año. Su carácter alegre la hizo querer a todo el mundo.

Entonces, de repente, sin ninguna explicación, Mani murió. La comunidad estaba consternada y el jefe de la aldea insistió en que debía ser enterrada en su casa, cerca de donde dormía.

Poco después, una extraña planta empezó a crecer de su tumba, y un espíritu acudió al jefe en sueños. Le dijo que desenterrara la planta en busca de la raíz, que traería sustento y buena salud a su pueblo. Así lo hizo, y desde entonces la mandioca se ha convertido en un alimento básico en la dieta de la gente.

Existen varias historias sobre los animales de la selva. Muchos siguen la tradición de explicar por qué tienen ciertas características, como por qué el sapo tiene la piel amoratada y cómo el conejo perdió la cola. Los monos tienen más que su parte justa de estos cuentos populares. El más conocido de estos cuentos de monos explica por qué creen que los plátanos les pertenecen.

Una anciana tenía un maravilloso jardín en el que cultivaba plátanos, que eran la envidia de todos los que los veían. Como era vieja y no tenía la fuerza ni la agilidad suficientes para trepar a los árboles para recoger la fruta, le pidió al mono más grande que lo hiciera a cambio de la mitad de lo que ella había cultivado.

Este mono se puso manos a la obra e hizo lo que se le había pedido. Sin embargo, cuando terminó, se llevó todos los plátanos grandes y maduros como su mitad y dejó a la anciana con la fruta más pequeña y dura que crecía en la parte inferior de los árboles.

La anciana estaba furiosa por haber sido engañada y resolvió vengarse del gran mono. Después de pensarlo mucho, hizo un niño pequeño de cera y le puso una cesta encima de la cabeza para que pareciera un vendedor ambulante. Luego, encontró los plátanos más gordos, dulces y amarillos y los colocó en la cesta.

Muy pronto, el gran mono pasó junto al pequeño niño de cera y vio los tentadores plátanos. Con su voz más engatusadora y lastimera, el mono le suplicó al niño que le diera un plátano. Por supuesto, el niño de cera no dijo nada.

El mono grande no estaba acostumbrado a que lo ignoraran y le dijo enfadado que lo empujaría si no le daba un plátano. Aun así, el niño de cera permaneció en silencio, así que el mono grande le dio un fuerte empujón con su pata delantera derecha.

Su pata se hundió en la cera y se quedó firme. El mono estaba furioso y exigió al chico de la cera que lo soltara inmediatamente y le diera dos plátanos. De lo contrario, lo empujaría de nuevo. El chico no respondió, así que el mono volvió a empujarlo.

Con las dos patas delanteras atascadas en la cera, el mono grande ardía de rabia y pateó al chico de tal forma que sus patas traseras también quedaron atascadas. Rugió y aulló hasta que casi todos los monos del bosque acudieron a ver qué terrible calamidad le había ocurrido al mono más grande.

El mono más pequeño tuvo la idea de que todos debían subirse unos encima de otros formando una enorme pirámide, con el mono más ruidoso en la cima, para poder llamar al sol y pedirle ayuda.

El sol se compadeció de la difícil situación del mono más grande y envió sus rayos más calientes para derretir la cera hasta que el mono más grande pudo liberar sus patas.

La pobre anciana se quedó atónita al ver que el sol ayudaba a los monos. Se reían, vitoreaban y le hacían gestos groseros. Vio que no tenía sentido que siguiera allí. Dejó su huerto de plátanos en manos de los jubilosos monos y se mudó muy lejos. En su nuevo hogar cultivó coles.

El colorido de las alas de los escarabajos de Brasil se explica en una fábula similar al cuento de Esopo de la tortuga y la liebre. Comienza en la época en que todos los escarabajos eran marrones. Una rata gris vio a un pequeño escarabajo marrón hembra que avanzaba lenta pero firmemente mientras caminaba por una pared. La rata se burló de ella por su falta de velocidad.

La rata le mostró lo rápido que podía lanzarse y escabullirse, pero ella apenas miró, en lugar de continuar su camino. Un loro azul y dorado que había estado observando con interés desde su percha bajó volando y sugirió que si corrían, les proporcionaría un abrigo nuevo de los colores brillantes que quisiera el ganador, cortesía de su amigo, el pájaro sastre.

El pequeño escarabajo soso y la rata gris apagada encontraron esta perspectiva irresistible. Ambos soñaban con brillar. La rata presumía de que pronto tendría rayas naranjas como un tigre, pues estaba segura de que ganaría.

Cuando empezó la carrera, el pequeño escarabajo arrancó con determinación. La rata vio el laborioso progreso que estaba haciendo y no vio ningún sentido en apresurarse, pero cuando llegó a la línea de meta, el pequeño escarabajo le estaba esperando allí. «¿Cómo puede ser?», se preguntó.

El pequeño escarabajo le explicó que había decidido volar. La rata no se había dado cuenta de que tenía alas y aceptó que le habían ganado. El loro cumplió su palabra y el pequeño escarabajo recibió un hermoso pelaje verde que brillaba con oro a la luz del sol.

Durante mucho tiempo, los escarabajos estuvieron encantados con estos abrigos verdes hasta que, un día, otro pequeño escarabajo anheló ser tan azul como el cielo de verano. Fue a ver al pájaro sastre y le rogó que le hiciera un abrigo azul celeste.

El pájaro sastre accedió, pero le dijo que tendría que perder algo. El pequeño escarabajo aceptó de buen grado. Cuando el abrigo estuvo hecho, era aún más hermoso de lo que el pequeño escarabajo había imaginado, con relucientes destellos plateados. Se lo puso y rápidamente se dio cuenta de lo que había perdido. Era suave en lugar de duro, como lo había sido su abrigo verde y dorado, y desde entonces no volvió a crecer. Por eso los escarabajos azules de Brasil son mucho más pequeños que sus primos.

Esta historia termina con la bandera brasileña. Se sugiere que el fondo es el verde esmeralda del pelaje del primer escarabajo, y el rombo amarillo es su brillo dorado. Dentro hay un círculo azul que representa la tierra. Se cree que representa a los escarabajos más pequeños, y las estrellas blancas son como los destellos plateados que realzan su pelaje. Debajo está el lema de Brasil, «Ordem e Progresso» («Orden y progreso»), palabras que el pequeño escarabajo sabio podría haber gritado cuando corría con la rata.

Conclusión

A pesar de los variados y extraordinarios mitos de la creación transmitidos de generación en generación, hay una notable falta de mitos escatológicos exclusivos de Brasil que hayan sobrevivido, suponiendo que alguna vez existieran. Existen, por supuesto, el Apocalipsis y el Día del Juicio Final en la tradición cristiana. El catolicismo sigue siendo la religión más practicada en Brasil (en 2020, el 54,2 % de la población se identificaba como católica).

Esta falta de preocupación por el fin de los días se debe probablemente a la creencia fundamental en la renovación y la regeneración y a un fuerte sentido de la espiritualidad. La muerte se acepta como parte de la existencia en la mayoría de los sistemas de creencias indígenas, pero a través de la reproducción social y sexual, se acepta que la sociedad continuará y evolucionará como siempre lo ha hecho. Recordar a los antepasados y la herencia es importante, y las historias comunitarias compartidas ayudan a satisfacer esta necesidad. Más allá de la muerte, los mundos espirituales son imprecisos y están fuera del alcance de los humanos (aunque se cree que algunos chamanes están más cerca de comprender estos secretos), y esta creencia ha servido para ayudar a construir una sociedad fuerte y segura con valores y culturas compartidos.

La mitología de Brasil nos da una idea de las creencias, valores y culturas de las sociedades que existieron y siguen desarrollándose en esta gran y diversa parte de Sudamérica. Estas historias enseñan lecciones de vida que a menudo siguen siendo relevantes en la actualidad.

A lo largo de los siglos, los pueblos que han vivido en Brasil celebraron a sus antepasados y educaron a sus hijos en las mismas tradiciones, demostrando una mayor comprensión y respeto por su entorno. Fueron mucho más capaces de equilibrar su existencia que las culturas posteriores, más sofisticadas, que invadieron y colonizaron con poca consideración por el futuro y la tierra.

Llama la atención que muchas de estas historias se ocupan de proteger el mundo natural y castigar a quienes pretenden destruirlo. Mãe do Ouro («Madre del Oro»), por ejemplo, es una entidad dedicada a detener la destrucción del paisaje en busca del más deseable de los elementos naturales, el oro. Se tiene constancia de su presencia en los estados ricos en oro del sureste, noreste y centro oeste de Brasil desde la fiebre del oro del siglo XVIII, sobre todo en Mato Grosso, Goiás y Minas Gerais. Es poderosa y decidida, y garantiza que los buscadores de oro no puedan explotar las minas del país. Algunos dicen que quien posa sus ojos en ella no vivirá para contarlo.

Hay muchos detalles sobre su aspecto. Es hermosa y muy bella, y lleva un largo vestido blanco que refleja la luz del sol, lo que le confiere un aura de resplandeciente luminosidad. Puede transformarse en una bola de fuego cuando surge la necesidad.

Su presencia indica que hay yacimientos de oro en las cercanías, y algunos buscadores de oro creen que ella podría guiarlos hasta allí si cree que pueden confiar en ella para llevarse solo lo suficiente para sus fortunas personales y prometen no revelar nunca la ubicación a nadie más.

A veces, Mão do Ouro es considerada una guardiana de las mujeres agraviadas, aquellas golpeadas o maltratadas por sus maridos y que viven en la miseria. Se cree que atrae a estos hombres desagradables a una cueva lejos de sus hogares, y allí permanecen el resto de sus vidas mientras ella encuentra hombres buenos que traten a sus viudas con decencia y respeto.

El hermoso archipiélago de Fernando de Noronha, situado frente a la costa noreste de Brasil, está formado por veintiuna islas que forman parte del Estado de Pernambuco. Es un importante destino turístico y Patrimonio de la Humanidad de la Unesco. Su historia es turbulenta y fascinante. Siempre ha tenido una población limitada; de hecho, ha estado deshabitada en ocasiones y fue cárcel de los criminales más peligrosos de Brasil durante largos periodos en los siglos XVIII, XIX y XX.

Estas islas tienen varios mitos y cuentos populares propios que demuestran el alcance y la profundidad de la mitología brasileña y cómo estos relatos han sido moldeados por la historia. Por ejemplo, hay una gitana fantasma que ofrece anacardos a los visitantes. Su historia de origen está ligada a la deportación obligatoria de gitanos a Fernando de Noronha en 1739.

Otra entidad firmemente vinculada a la historia de las islas es el sacerdote sin cabeza que cabalga en su mula blanca por las espectaculares playas blanqueadas por el sol en Quixaba. Se cree que es el espíritu de Francisco Adelino de Brito Dantas, que descubrió una fuente de agua potable para los agradecidos isleños. No se sabe con certeza por qué perdió la cabeza y cabalga por la bahía, muerto.

Se dice que el espíritu de una mujer que fue traicionada por su marido vive en el interior del Morro do Pico, una montaña de Fernando de Noronha. Aparecerá un barranco en el que se abrirá una puerta, revelando una luz brillante. El espíritu, en forma de una mujer encantadora, sale de la puerta para encontrar a un joven al que llevar a la montaña con ella. Nunca se lo volverá a ver, aunque sus débiles gritos podrán oírse durante varios días.

Alamoa, que una vez fue reina del archipiélago, es otra seductora. Está descontenta con que las islas estén habitadas. Vaga como una joven despampanante por su antiguo reino, buscando hombres a los que atrapar. Una vez que tiene su atención, están perdidos. O bien los lleva a la cima del Morro do Pico, donde se sienten obligados a saltar hacia su muerte, o bien los atrapa en su cueva. Una vez allí, ella vuelve a su estado natural —un esqueleto putrefacto— y los hombres mueren de miedo.

A diferencia del otro espíritu femenino de la montaña, no soporta la luz. Algunos de los prisioneros recluidos en la cárcel de la isla contaron cómo la veían antes de una tormenta. Parecía estar bailando, suspendida en el aire nocturno y completamente desnuda.

Se cree que su nombre procede del portugués *alemã*, que significa «mujer alemana», y se supone que es rubia, de ojos azules y piel muy clara. Sin embargo, es más probable que originalmente fuera un personaje de un cuento holandés. Ocuparon brevemente el noreste de Brasil en el siglo XVII.

Estas historias sirven como un microcosmos de la mitología brasileña. Estos cuentos toman elementos de las tradiciones orales de las tribus indígenas, detalles de hechos reales y mensajes morales o de advertencia.

Mezclan el mundo natural con el espiritual, mostrando la importancia de ambos mundos en la vida cotidiana.

Vea más libros escritos por Enthralling History

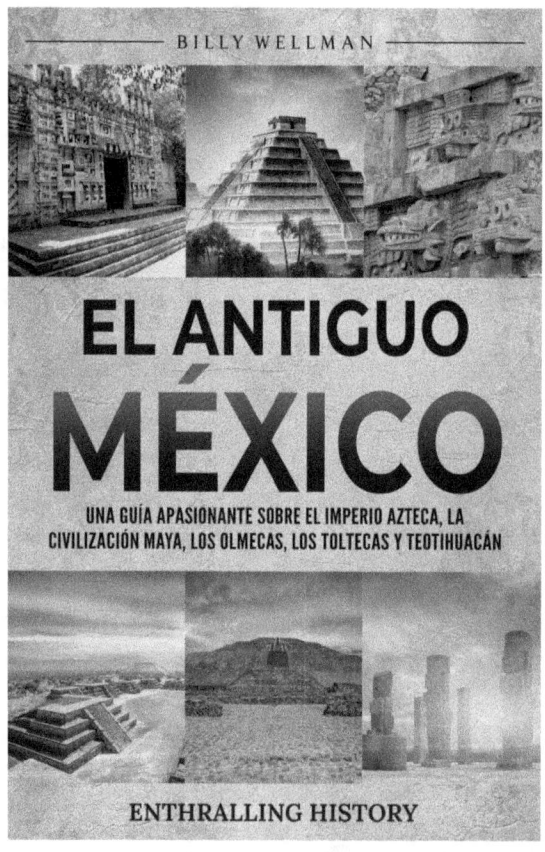

Bibliografía

Primera Parte: Historia de Brasil

Bethell, Leslie. "Populism in Brazil." In *Brazil: Essays on History and Politics*, 175-194. University of London Press, 2018. http://www.jstor.org/stable/j.ctv51309x.10

Bethell, Leslie. "The Decline and Fall of Slavery in Brazil (1850-88)." In *Brazil: Essays on History and Politics*, 113-144. University of London Press, 2018. http://www.jstor.org/stable/j.ctv51309x.8

Bethell, Leslie. "The Long Road to Democracy in Brazil." In *Brazil: Essays on History and Politics*,147-174. University of London Press, 2018. http://www.jstor.org/stable/j.ctv51309x.9

Bethell, Leslie, ed. *Colonial Brazil*. Cambridge University Press, 1987.

Burns, E. Bradford, Momsen, Richard P., Martins, Luciano, James, Preston E., and Schneider, Ronald Milton. "Brazil." *Encyclopedia Britannica*, August 28, 2024. https://www.britannica.com/place/Brazil

Fausto, B., and Fausto, S. *A Concise History of Brazil*. Cambridge University Press, 2014.

Martin, Percy Alvin. "Slavery and Abolition in Brazil." *The Hispanic American Historical Review* 13, no. 2 (1933): 151-196. https://doi.org/10.2307/2506690

Meade, T. A. *A Brief History of Brazil*. Infobase Publishing, 2010.

Newitt, M. *A History of Portuguese Overseas Expansion 1400-1668*. Routledge, 2004.

Putnam, Samuel. "Vargas Dictatorship in Brazil." *Science & Society* 5, no. 2 (1941): 97-116. http://www.jstor.org/stable/40399384

Teresa P. R. Caldeira, & Holston, J. "Democracy and Violence in Brazil." *Comparative Studies in Society and History* 41, no. 4 (1999): 691-729. http://www.jstor.org/stable/179426

Segunda Parte: Mitología brasileña

Bierhorst, John
The Mythology of South America (1988)
Ardagh, Philip
South American Myths and Legends (1998)
Parker, Victoria
Traditional Tales from South America (2001)
Eells, Elsie Spicer
Fairy Tales from Brazil: How and Why Tales from Brazilian Folklore (2002)
Silva, Murilo Fidelis
Into the Wild: A Brief Journey into the Heart of Brazilian Folklore Legends (2023)
Cuscudo, Mario
Legends of the Amazon: Exploring Brazilian Mythology (2023)
Storm, Rachel and Carter, Geraldine
The Illustrated Guide to Latin American Mythology (1995)
Dorson, Mercedes and Wilmot, Jane
Tales from the Rain Forest: Myths and Legends from the Amazonian Indians of Brazil (1997)

Fuentes de imágenes

1 https://commons.wikimedia.org/wiki/File:Henry_the_Navigator1.jpg
2 https://commons.wikimedia.org/wiki/File:Capitanias.jpg
3 https://commons.wikimedia.org/wiki/File:Jesus,_Benedito_Calixto_de_-_Domingos_Jorge_Velho_e_o_Loco-tenente_Ant%C3%B4nio_F._de_Abreu.jpg
4 https://commons.wikimedia.org/wiki/File:Bandeira_da_Inconfid%C3%AAncia_1789_Os_Inconfidentes.jpg
5 https://commons.wikimedia.org/wiki/File:Retrato_de_D._Jo%C3%A3o_VI,_Rei_de_Portugal.jpg
6 . https://commons.wikimedia.org/wiki/File:DpedroI-brasil-full.jpg
7 https://en.wikipedia.org/wiki/File:Pedro_II_of_Brazil_-_Brady-Handy.jpg
8 https://commons.wikimedia.org/wiki/File:Deodoro_da_Fonseca_(1889).jpg
9 https://commons.wikimedia.org/wiki/File:Getulio_Vargas_(1930).jpg
10 https://commons.wikimedia.org/wiki/File:Juscelino.jpg

www.ingramcontent.com/pod-product-compliance
Lightning Source LLC
Chambersburg PA
CBHW070328010526
44107CB00004B/461